はじめに

この世は姿あるものは残らず年を経ていきます。山、川、海に太陽、星の数々まで、思えば人生の一年は移ろい行く暦の一コマでしょう。かつて人の暦は米を作ることから始まり、長い歴史の積み重ねで今日の姿になりました。

この衣食住の、食の米が、かつての経済のバロメーターとして重きを果たしていました。

第二次世界大戦の後、日本の体制は一変し経済が目覚ましく発展しました。食の不足時代から豊かな食文化時代に変わりました。

近年の農業は水田の大型化、大きな圃場で大きな機械で見る間に終わる。米作りには人手がかからなくなりました。しかしその反面、農業では生計が立たず若者は離農し他の産業へと移り、兼業農家は数が無くなって行きました。新しい変化の時代に入ったのです。

荘園時代・封建時代、近代社会へと、長い間主食の米作りは変わらなかったことから、百姓の生活は大きな変化は見られなかったのですが、近年の五十年間で大きく変化しています。かつての苦労を重ねた百姓の米作りは無用となり歴史の一コマとなりました。しかし今、その時代を記しておくのも一考かと、五十年前の百姓の姿をお粗末な内容で恥じながらも綴りました。文・絵ともに、御笑覧頂ければ幸いです。

湯浅 直之

目次

冬

一年の暮らし

祭礼

元旦

正月は、水甕に主婦が若水（わかみず）を汲んだもんじゃ。それから家族で村のお手継ぎ寺へ初詣りじゃ。寺は集落みな門徒だったので、村の衆と新年の挨拶じゃ。戦時中は特に宮様へも参詣したちゃ。

子供のオラは大抵早く起きるのであった。元日も早く起きて広い囲炉裏へ足を下ろした。その途端、いつもは優しい母の大火箸が我が足の脛に飛んだ。「正月から囲炉裏へ足を入れたらあかんちゃ。カラスが苗代田へ入るちゃ」には、オラ、ビックルしたちゃ。

親父は少し大きくなったオラに云うた。「女は一年中食事の苦労でなー」「オラチャ家は昔から正月は女の休み日じゃ」。「食べるもんは簡単じゃぞ」とね、だから、正月は御馳走がなかった。

雑煮の事、我が家では古来、小さいネギの葉先から白根元までの一本を家族分の数を入れて、「健康で共に白髪の生える迄」の意で雑煮の習いだと母が言うていた。

元旦の朝の御膳は干鰯の焼き物（信心も鰯の頭から）家族の必要分の数を焼いた。大根の千人前下ろしの煮合い。黒豆の煮付け(豆に働く)。数の子（子孫の繁栄）この様な案配だった。

ハッポ
高い屋根裏の煙抜きの穴
北風の時風が吹き込み煙たかった。
柴屋
薪の置いてある
場所
雑煮
昆布と小さいねぎの細く白い根っこから青い葉先までを、家族人数分をお雑煮に添えた。（長生きで共に白髪の生えるまで）の意味。干鰯の焼き物・数の子（子孫繁栄）。大根の味噌合え（煮合え）。黒豆の煮物（まめに働く様に）

正月の行事

●二日　「お買い初め」「書初め」
　書初めは小学校時代正月二日は必ず家で書初めさせられた。この時決まって、祖母の婆さんが「オラにちょこる筆を貸してくれ」と言い、筆達者な婆さんには参ったもんじゃ。
●四日　仕事初め
　百姓が一年間で使う農作業の道具から日用品の大部分が、ワラ細工で加工されたもんじゃ。このうち、優れた用具は荒物屋で買うたちゃ。多くは百姓自身が作ったちゃ。年間使用の用具作りは冬仕事じゃった。
●七日　ナンカブと言うて、仏様のお供え下ろして、お供えと七草を合わせた雑煮じやぁ。休ん日じゃ。
●十四日　どんど焼き。どんど焼きの火で焼いたお餅を食べると風邪を引かない。焼き残りの青竹で箸を作り食事を取るとこの年は息災だと云うたもんじゃ。
●十五日　皐月(さつき)　ぞろ鍋とその行事
●二月一日　山の正月。重ねの正月とも言った。仕事休みの日。

　正月の遊びは犬棒カルタ、双六、詰め将棋、百人一首、花カルタだった。大正期の双六は子供に楽しい夢を与えるが、昭和初期に入ると軍国主義に変わり双六まで兵隊が敵国を陥落させ、日の丸を揚げて上りだ。そうした事から子供の遊びは兵隊ゴッコで、村毎の子は結束固く他校の村の子と実戦さながらの兵隊ゴッコだったもんじゃ。
　母の話で、母は分家の生まれだ。正月は父の本家へ行ってカルタ遊びをした。
　本家へお嫁さんが来られた年のこと、「皆でカルタをやろうよ」とお嫁さんに声をかけたら、「私は何も取れませんので」と言いながら始めたら、本音が出て一人で大方取ってしまった。何しろ二百石もある高持のお嬢さんであった。自分等仲間はごく普通の百姓娘等で普段家の手伝いで百人一首の歌など程遠い者であって育ちに大きな差があったもんじゃと母の話じゃ。

お買い初め

一月二日

お買い初めに、昭和初め（戦前）まで朝早く出かけたとぉ。お店へ一番先に入った人へ、店のお供えのお鏡を貰えたちゃ。と戦争前の話を母はよう語ったちゃ。

又、ほんまの話じゃと母曰く。娘時代の朝、兄者がお買い初めに行くとでかけた。戻って忘れ物をしたと言って、「荷縄をくれんかい」「荷縄、何に使うが」と聞けば、「宝くじの一等があたりゃ箪笥を担いでこんにゃならん」。「ダラなことを」と、笑えば、本当に初売り一等景品の箪笥を担いで来たそうじゃ。

どんど焼き作り

一月十四日

当日午后より十六歳までの子供達が集まり準備する。

昭和の頃は雪の日ばかりで、雨の日は殆ど無かった。

どんど焼きの場所が決まると、辺りの雪踏みをして、各家を回り竹や正月飾りに燃やす材を集めて廻った。組み立ては年長者の家から年配者が出て作った。小物の櫓（やぐら）も作った。

時が来ると小物に火を付けて始める合図をした。各自は餅や書初めの紙を持参してくる。大人らも集まって始まる。火が盛んになると長い竹竿の先に書初めの紙を突き刺し、火がついて高く舞い上がり、その人の手が上がる（上手になる）と喜んだもんじゃ。

盛んに燃える時、年配の大人がそら歌えと鳥追い（とりぼ）唄で囃（はや）した。

櫓が燃え落ちると、持参した餅を焼き始めた。この餅を食べると一年風邪引かん言うて食べたちゃ。

竹の焼き残りの青竹で箸を作り食事を取ると今年しゃ息災じゃとぉ。で家族分を作り家へ持ち帰ったもんじゃ。

鳥追い歌

のすろだ（苗代田）のおばい（おばさん）さとるぼーて（鳥追い払って）
くれっさい。
なんどる（どの鳥）ぼうじゃ。
ひるまのすずめ。
よさるのからす。
ほーわい。ほーわい。

田の神様祭り

一月十五日

夜なべの内に、家で採れた蕎麦を石臼で粉に引いて。その粉を絹振るいで蕎麦カスを取ってじゃ。

蕎麦粉を大きいこね鉢で水を加えながら団子にして打ち据えて腰を持たせるがじゃ。きれいなゴザを敷き、その上で大きなスリコギ棒で押さえながら薄く引き伸ばした蕎麦を巾二十センチ位に折りたたみ、真ん中を切り、上がり十センチの丈にて一センチ幅で刻んでじゃ。

囲炉裏の鍋に小豆を煮込んで、刻んだ蕎麦を入れてさ、塩味で煮立ったら出来上がる、これが、ゾロ鍋じゃ。

蕎麦イコ

祖母の話だが、昔、米は年貢に取られ食べれなかった。昼は、蕎麦粉に熱湯をかけて、かき混ぜた料理を蕎麦イコと称し、特に、熟した三社柿（さんじゃがき）を混ぜた蕎麦イコは美味しかった。お昼は、蕎麦イコと飯は茶碗一杯だけだったという。

ゾロ鍋・田植え式

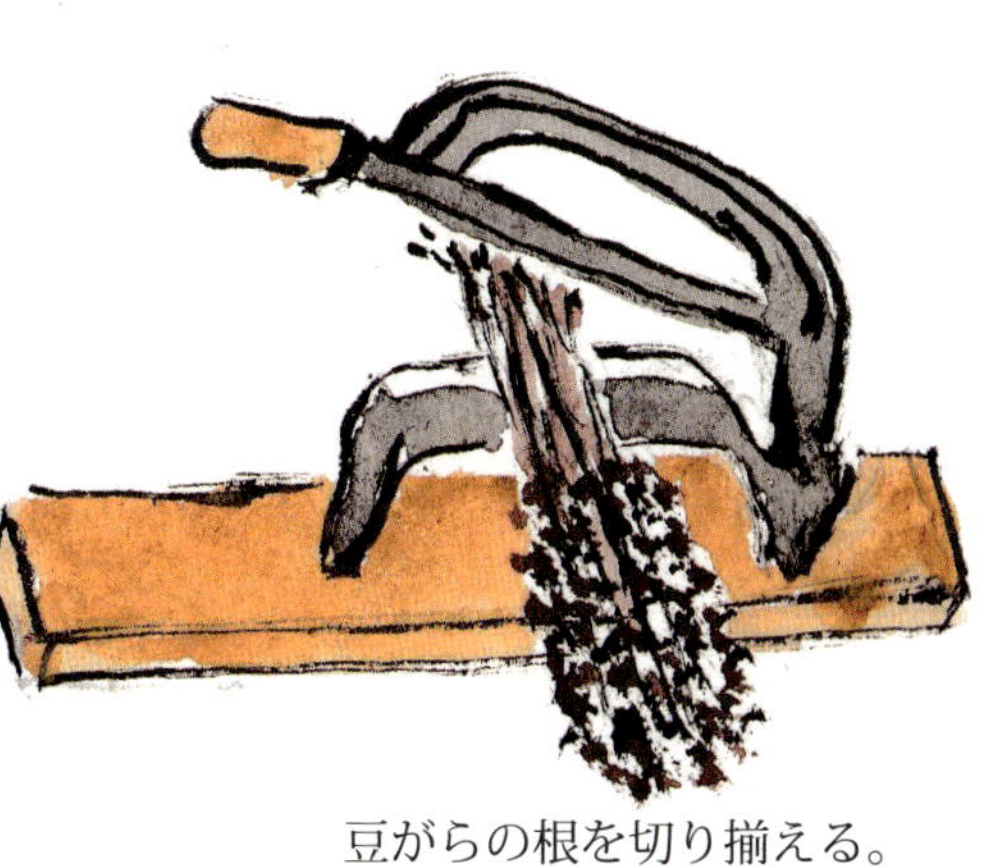
豆がらの根を切り揃える。

アマ（物置）梯子の下で、豆がら五、六本を押切(おしきり)で根を切り落としワラで束ねる。

これを煮えたゾロ鍋を田に見立てて、豆束を稲の苗として田植えをする儀式をしてじゃ。

その豆束を、秋の実りの稲束として神棚に供えて今年の豊作祈願で神棚に祈るがじゃ。

豊作でありますようにと祈る。

ぞろ鍋に、豆がらで田植えをする。

神様へ柏手を打つ音は凍てつく室内に響いたもんじゃ。

次にゾロ鍋を屋敷内の柿の木に向かい成る木責めだちゃ。

親父は「今年しゃ、柿が成るがかい成らんがかい、成らんがなら切ってこまするぞ（しまうぞ）」と鉈(なた)を振るう。

相棒の子は、「成るます、成るます」と言う。そこで親父様は杓子(しゃくし)でゾロを柿の木の根っこへ掛けてやるちゃ。

これで儀式が終わり家族が揃ってゾロ粥を頂けるちゃ。

正月行事は終わり翌日より仕事に精を出して働かしゃったちゃ。

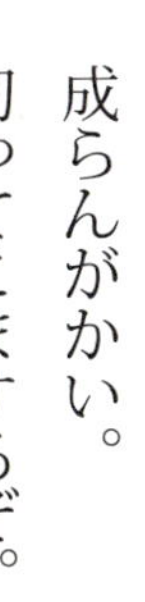

ぞろ鍋

正月の思い出

昭和の二十年まで、ミカン箱は薄い木箱で三十個位入って上蓋は蜜柑が見える様に間をあけ細い板を釘付けであった。甘いお菓子など一般家庭では買えず、子供は知らなかった。正月の甘いものは吊るし柿（干し柿）だった。敷地内にある渋柿を年の暮れ方天日で上手く干せないから囲炉裏の高に吊るし柿をズラリと掛けていた。火の煤で真っ黒である。

十二月天気の良い日があると雪の中に黒い柿を干すのだった。正月には黒い柿に白く粉が噴出し大きく柔らかい吊るし柿が何よりの御菓子であった。口の辺りが黒くなって、盗み食いは出来なかった。叔父さんが来て「コレじゃ」とばかり引き抜き食べたが、口の端を見られて、「オー食ったな」と明かされた、と笑った話を聞かされた。お正月にはミカンと白い粉のふいた黒い干し柿が懐かしい思い出である。

子供時分お正月は何でも良いから腹が満腹になれば最高だった。又、知り合いの方では配給の米では足りず、親戚の農家へ子供が自転車の三角股（三角乗り）で行き、分けて貰った米を、巡査が闇米だと取り上げた話。蔵へ米泥棒が入った時子供までを調べに来た。いやだったなー。数えきれないほどの話がある時代だった。

母は本当はヒモジイ思いであったから、漬物部屋から漬物を上げて、噛みしめて堪えていたと言う。子供の自分は常に腹一杯食べておって知らんチャ。親を思う時に親は、おいでんちゃ。

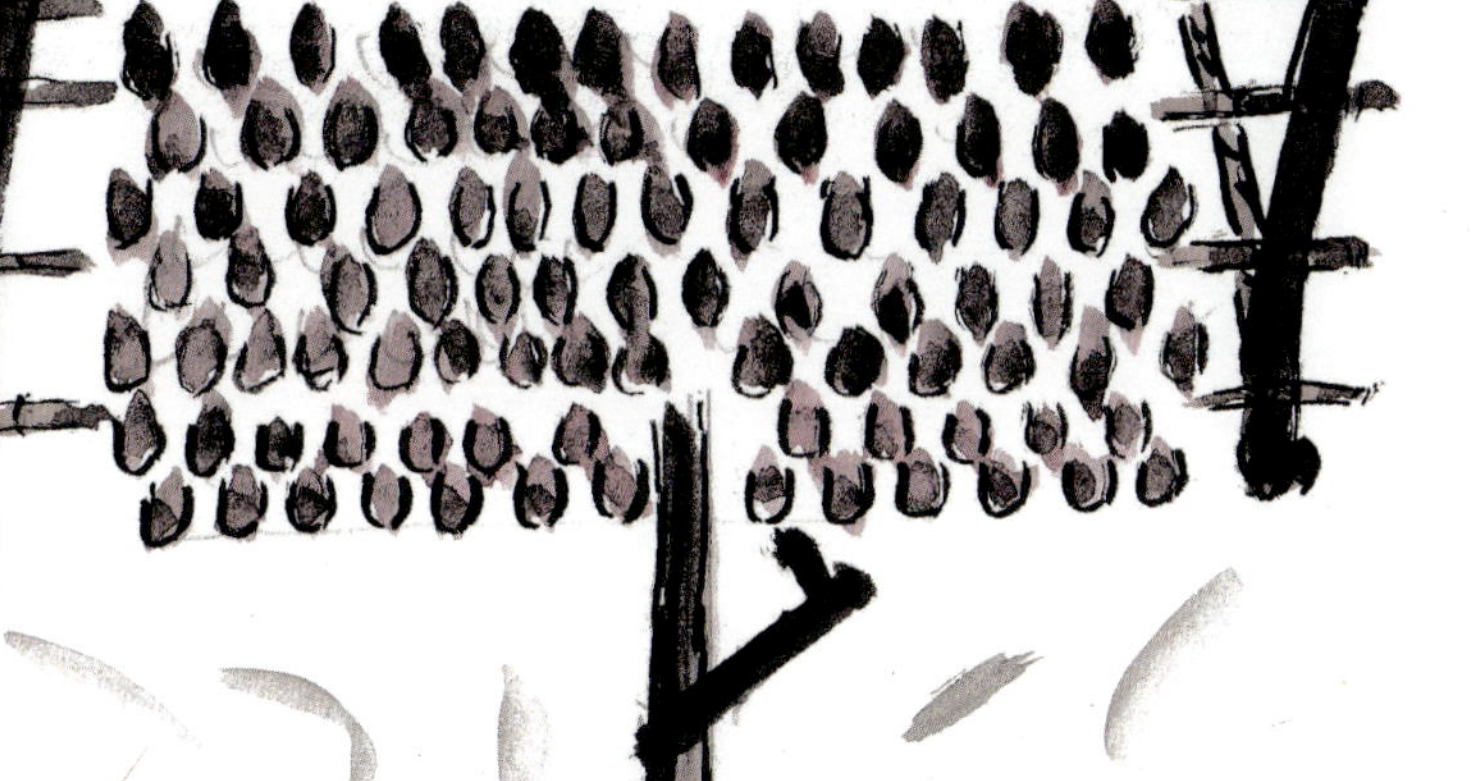

ねつ送り

ねつ送りは、昔から七月の土用の三番の日と決まっとるちゃ。

米作りは、自然の成り行きのままじゃから百姓はお天トウ様に豊作を祈願して太鼓を担いで小道を歩き、少しの空場所でも太鼓を打ち鳴らしたちゃ。三人が組で村人足で回ったもんじゃ。子供は竹の小枝に色紙の短冊を付けて、稲を撫でて、「ねつ送るばい、ねつ送るばい」と田圃を歩いた。最後竹を大きい川に流した。

そして、村人は青年会館でねつ送り酒を生瓜の漬物で一杯やっていた、酒が美味しくなってレスリングが始まり半袖シャツの袖がむしれて終わった。

話によれば、高台の田と低地の田の人との議論がレスリングだったそうだ。水の厳しい高台土地の方は神経が細くて手が早かったから、中々大したもんじゃ。今じゃ笑い話だがね。

ねつ送り

この行事は古くから行われていた。ただ江戸時代は、ねつ送り太鼓を叩くには奉行所への届が必要で、草高千石以上の村（福光と荒木）でないと「ねつ送り舟」を出せなかった。

舘村は三方高い地形で山々より、谷筋が寄せ合う地形だった。加えて、真西に破砕帯を持つ山があり、大量の湧き水が出る槍の先清水があった。水の豊かなところだったことと、医王山におきる白山山岳信仰に係わる寺社があり、その管理で米が作られる地形だった。しかし、土地が低地で風通しが良くない。雨続きだと稲の葉は柔らく熱病にかかりやすい。その事から、ねつ送りは地頭指揮で広瀬郷内から、室町初期頃の医王山伏が稲の熱病を払う祈祷で、太鼓を田にて打ち鳴らす。呪いが事の始まりであろうかと思われる。太鼓は、桶太鼓である。打ち方は、真打を中心に、緊急用は早太鼓。（両方から二人で太鼓のバチの尖りで打つ、高音で危険を知らす）。（村役人が村走りを呼ぶ、走り太鼓）。などがあった。村人は生瓜の漬物を肴に酒を交わした。村内を、太鼓を肩にして回り小道の交差点（小広場）などで太鼓を打った。二人が太鼓を支えて、打つ。酒を持参。昭和の時代に入ってのこと、雨の日が長く続き熱送りは済んだが雨止まず、イモチ病で稲の葉が赤くなり、何の手立ても無い。困り果てて神主さんを頼み祈祷を収めて、桶太鼓を担ぎ太鼓を打ち鳴らし田圃一円を隈なく回ったという。

地蔵祭り

明治三十九年舘村の地蔵尊のお堂が建立された。この時よりお盆に地蔵祭りが始まった。

往来道には何十本のトッピ（豆腐形）行燈（あんどん）と造花を取りつけた。地蔵堂も造花で飾った。村内の各所のお地蔵様をお堂へ集めて祭壇を作り、お供え物をしてじゃ。お寺さんの読経である。それに連れて子供連中の奉納相撲が行われた。

子供達、最年長の十八歳が主催責任で準備万端を取り行い、相撲の行司（ぎょうじ）を務めた。審判は村の親父達である。幼児から小学生、中学生で組み合わせの仕組みは恒例であった。小学生から中学生までが地蔵祭りの準備万端を整える。地蔵堂を造花で作り飾る。山に行き楓（かえで）の小枝を採取して葉をとる。和紙を五cm角に切り青と赤で、染めて楓の枝に和紙のコヨリで花を結んだもんじゃ。季節の野菜や酒、米を供え鐘太鼓を「チンチン・モンモン」と二度ずつ叩く。その音色から地蔵祭りをチンチン・モンモンとも言う。

当夜は村の寺の住職の読経が終わると、奉納相撲だ。お盆か盂蘭盆（うらぼん）の十六日で、外孫ら母親と楽しみな行事だった。いろいろな組み合わせから、最後は東・西に分かれ対戦だ。何れも負けても勝っても賞品がでる。見物の青年から親父らは勝負審判員でとても楽しい一夜じゃった。

盆踊り

チョンガレ踊り

子供の時、集落の地蔵堂のまわりでチョンガレ踊りを習い踊った。ほんまは親が着物を着せて、踊ってこいと、やらされたちゃ。そこで、村の師匠の囃子文句に合わせて習ったもんじゃ。

「ア、ショイ・ショイ・ショイ」で前へ両手を揃え右、左、上に振り上げて三歩前へ出る。で両足を揃え、ショオコショイで、手を二度叩く。次のア、ショイ・ア、ショイで右、左手を左右下に振り二歩下がり、ショオコショイで手拍子を二度打つ。一歩分づつの前進で簡単な振付と記憶している。歌は横ゴザに菅笠を額にかけ背中へ傘をさげて、手は拍子木で調子を取りながら、木蓮尊者の歌い出しから始まった。

チョンガレ踊りには、外踊りと、家踊りがあった。家踊りはそれなりの家で行われ東は座敷前の縁側から広間前の縁を抜けてニワ（土間）を抜けて茶間へ上がり西側の縁側を抜けて南の小間続きを通る順であった。村人は座敷、広間、茶の間、西の部屋から控えの間、で踊りを見ることが出来た。

幼児の時の記憶からである。チョンガレ踊りは昭和二十年か翌年までだったかと思う。

この時が最後だった。

昭和二十三年かと思うが小学校グランドで盆踊りが始まった。拡声器で炭坑節が大きく流れて戦後の様子が一変した。子供心に大きく響いたもんじゃ。

「ちょんがれ」は古来より盆踊り歌として砺波地域で歌われてきた。福光では、歌詞に石川県境の村々が歌われることから蓮如上人との由緒が深いともされる。

報恩講

各家庭にて行う。ホンコサマという。浄土真宗、親鸞聖人の恩徳を感謝報恩して行われる。お手継ぎのお寺の住職の読経、法話の後、赤御膳でお斎がふるまわれる。

各家々で味付けは違うが、小豆汁の中に、その中心となる料理がいとこ煮だ。小豆汁の中に、里芋、大根、人参、こんにゃくなどを入れた。

写真の料理は、
白米のご飯。
おつけに、いとこ煮。
お平に、煮締めたがんもどき。
小皿に、ゼンマイの白和え。

中盛りとして三色のくずきり。のじた（つけ汁）

つぼには、里芋、人参、大根、こんにゃくなどのあんかけ。「こくしょ」ともいう。

つぼの上にみかん。

そして煮豆である。

小皿には、ゴマ味噌で味付けした大根菜のヨゴシを盛り付けたりもする。また、お供え物の餅（おけそく）を添えた。各家庭にて、日取りを申し合わして行う。近い親族で身軽に行き交う。この行事は冬の農閑期に行ったもんじゃ。

報恩講帰りの御坊さん

その当時は戦後の食糧難で報恩講様のお華束は大変なご馳走じゃ。お酒を戴き暗い雪の夜道は、一足道で夕方も遅くなると寒くてツルツルで滑ると転ぶわい、袂からお華束が雪の中へ転がって懐が空いとる。お華束が無い、アリャと辺りを両手で探すが無い。白い雪に白い餅だ、手が冷たい、堪らん、とうと諦めたちゃ。

当時は米不足で、合成酒で薬品のアルコールを使用だから直ぐに酔っぱらうもんじゃ。お坊さんのお華束談義じゃぁ。

献立は『福光のしきたり』を参照した。

バンボツ大会

冬の行事として盤持（ばんぼつ）の歴史は古くから行われていた様だ、村じゃこの盤持大会の行事は数え年、元服男子と次の若い衆の該当者が多くなると開くのであった。

盤持会は青年会の幹部が役員会で決め、宿の家を決めて開いた。村の男衆は皆見物に来たちゃ。

五斗俵　五斗祝い酒一升を会へ出す。次回の盤持会で八斗に挑戦。一斗は十五Kgだ。

八斗俵　八斗祝い酒二升を会へ出す。これにて一人前と承認される。二人の審判は怪我の無いように担ぐ介添役でもある。八斗俵となれば、介添人の助っ人で何とか肩に米俵を乗せ「手を伸ばせ」で介添えも手を放す瞬間、大抵は皆が拍手と同時にドスンと俵は下にある。体は地面にめり込んだ思いだった。

この祝い酒は力士として若連（わかれん）に記帳されるもんじゃ。

五斗俵は一俵だが、八斗俵は四斗俵を二個重ね合わせて縄で結んで作る。一石は五斗俵の二俵を結び。百五十kgの俵までこしらえた。一石二斗以上は担ぎ手の有無を見てこしらえたもんじゃ。

昔は、人の寄るところに盤持石が置いてあり、男衆が田の仕事上がりに寄ると力試しをしたもんじゃ。最後のバンボツ大会は昭和三十五・六年やったかなあ。

盤持には儀式として作法がある

担ぎ人は盤物場の筵（むしろ）で担ぐ米俵の向かいに立つ。筵の両端を持ち上げて、漏れ出た米粒を担ぐ俵の元へ振り寄せて、足で米を踏まないようにする。元の位置に立ち、一礼して俵へ進む。

担ぐ手順

俵を両手で　抱えこむ。膝上に乗せ胸板へと摺り上げ頭を俵にしっかり寄せ着け、肩上にすすり上げる。利き手の肩上に定まったら、片方の手を俵から放し、肩に平行して手を延ばす。大きな拍手である。中には担いでニワを回る豪傑もいた。

盤物大会が終わると見物の方も交え、村人が皆で祝い酒と御膳を板に並べ楽しい宴を開く。

元服祝い

雪の春に行う。

　当村は数え二十歳で元服祝いであるが、他村では十八歳で元服を行う所が多い。とにかく当家の一大行事で、昔からあった。我が家の明治初年の祝い帖を見ると母方の家より孫の元服として大変な進物が記されていた。村内の各戸や隣村の多くの方までがお祝いの記帳じゃ。

　宴の伝えは大杯（一升二合）を頭に被った人は誰それで八名だったとか、大変なのは古伊万里の大皿を酔って踏み割られた物が残って、近年まで婆さんや、親父までが語った宴会だった。はめをはずし御馳走のお酒を無礼講で飲むことが出来るのである。が、失態事は何時までも残るちゃ。

　大杯の行いは酒宴が盛り上がり、宴酣の頃を見計らって、主人が「只今から大杯を回したいと思います」と計る。客は「目出度いから一番下の大杯だろうが」の声で大杯を杯膳に乗せて上座席方に据える。大抵は一つで回す。両向かいで回す宴もある。大杯一組だ。

　普通は六合徳利を二人で注ぐ。大杯は一升二合の酒が注げる。または、鉄瓶の様で蒔絵の蓋つきのカンズル（銚子）二つ一対で大杯一つへ向かう。同時に大皿に大きい鯛の焼き物とスルメを据えて、取り魚を出す。給仕人は当家の親近者の二名が杯一つに付くもんじゃ。

　酌人は謡曲又は目出た節を歌う人が務める。始まると客人は杯の、松の、亀の、鶴の蒔絵の何処まで、と注ぐ指示を出す。給仕人は杯向かいの両方から歌いながら三度に注ぐ、三度目には杯一杯に注ごうと仕掛ける。客人は、それはならん絵の指示をしたであろうがと、酒の注ぎ口を両手で掴むなりで押さえる。飲まそう飲めぬで、大騒ぎも演技で中々の見ものだったわい。

　次に給仕人は鯛とスルメを御膳の蓋物の蓋に取りつぐ。客人は当家の主に「本日の目出度い杯を御馳走さまで御座います」下座の客人へ「皆さんお先に頂きます」と挨拶で大杯に口をつける。

　他の客人皆でさー飲めや飲めと「めでた、めでたの若松様ヨーオオイナー」と大合唱で始まる。酒を皆飲めた客人は、杯を頭に被り御馳走様と言う。次はコンとして納めの酒を少量給仕人が注ぐ。これを飲み干して終わりになる。酒を一杯に改めて、次の人へ大杯を廻す。何時間もかけて、最後の方が終わる。大杯の納めは　当家の主へ並々と山盛りに酒を注ぐ。主人が飲んでも持ち上がらないときは家族や血縁の近い皆の応援を受けて、杯を持ち上げ後ろざりに「四海波よろよろ」と次の間へ移す。酔い潰れてイビキをかく人、歌を歌う人で宴は間もなくお開きとなるがすでに朝だ。尚、当家主役の役払い人は、客人の接待に努めたもんじゃ。

　祝い膳に引き出物を、沢山つけたものであった。籠盛・大鯛の菓子・広蓋菓子等の餡子菓子だった。

　家では村の青年会へそれ相当の酒を出す。赤飯はかさばるので、宴たけなわに披露した後は、控えの部屋に置いたりした。大櫃に一杯。中には上越えといってワラの三つ編みの輪を組み盛山にして出す。餅米二斗分と言う。

四十二歳の祝い

　この祝いも元服同様の祝い膳である。村方へ村の親父交じりのしるしの酒を初寄合に出す。

　女の三十三役年は宮参りで厄払いをした。

田んぼの一年

春　坪腐り出し

春一番の野良仕事

大昔から便所の周りを一メートルばかり掘り下げて周りに大きな石を組み、人糞等と腐らす坪とした。時折ツボ返しと言って草を打ち混ぜた。これを江戸期の日記で知った。

坪腐りを、オイと言うL字型の物を背負い、四つ鍬で坪泥を掻き上げ自分の背に投げ込むのである。

泥を苗代田へ運び体を斜めにかたむけ振り落とす。肥料の無い時代から、稲の苗は八分の出来を決めると言われて苗代を肥やす知恵であった。

戦後の肥料

化学肥料が進むと同時に坪は埋められた。便所の呼び名は、厠はまだしも、カンショバ何て言う時代から水洗とトイレだ。坪腐りなんで、わかろうはずがない、わずか五十年でねぇ。

砺波平野の家

砺波平野には東向きで瓦屋根で切妻（きりずま）の東建（あずまだち）が多くみれらる。しかしその以前は屋根は茅葺（かやぶき）であった。家の中心はヒロマであるワクノウチで、囲炉裏があり応接間であった。座敷は南側に二間あり、奥の座敷には仏壇があった。ナンドと呼ばれる茶の間は家族団らんの間で、囲炉裏に火をたき、煮炊きをしていた。家の入口は土間で、ニワと称した。ここは冬はワラ加工するなどの作業場であり味噌なども貯蔵した。便所は北側にあった。家の二階をアマと称した。ここは貯蔵庫で、ワラや薪・柴などを蓄えた。またここでカイコを飼う家もあった。

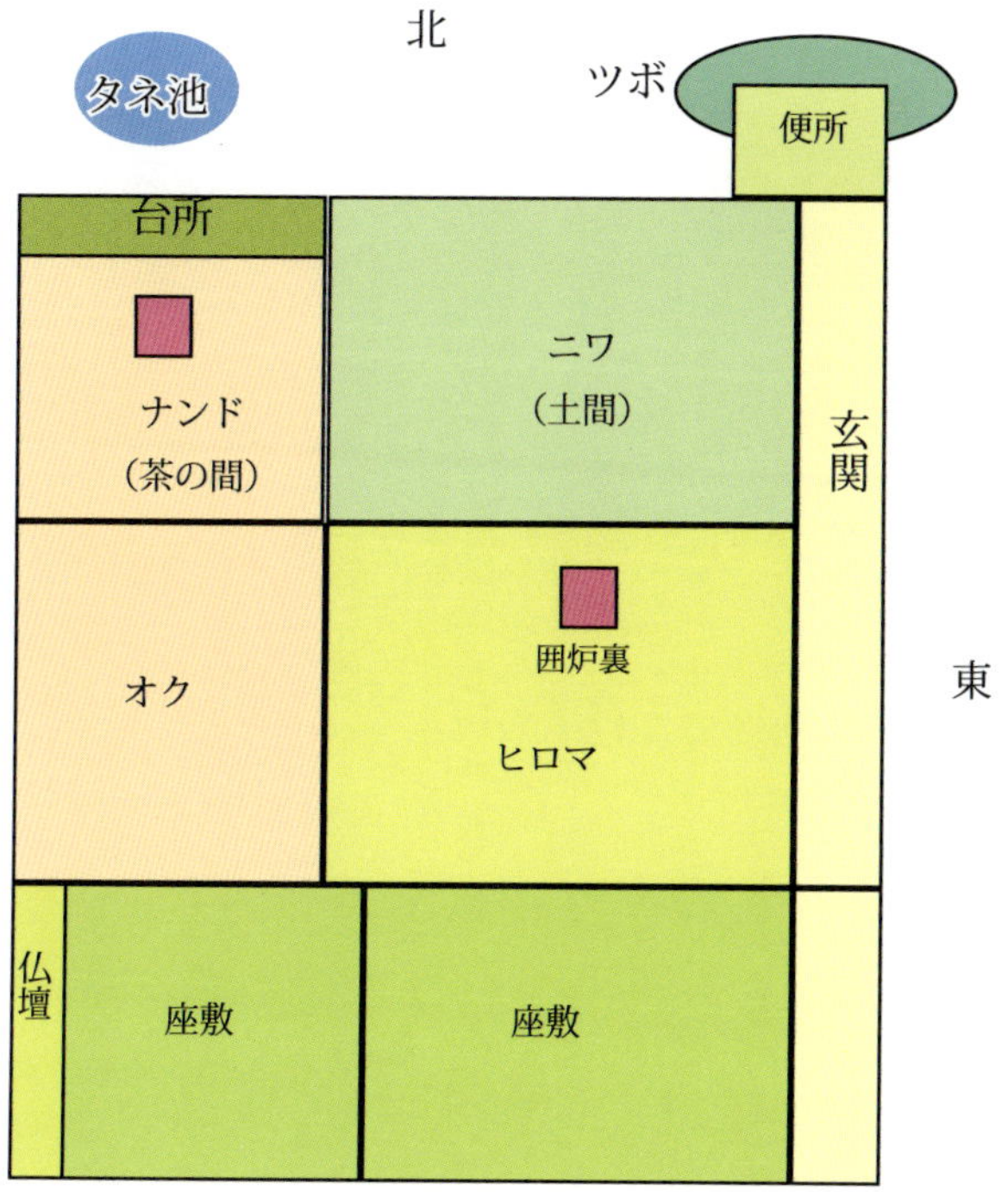

昔の間取り

苗代の準備

田んぼの稲刈り後の稲株を、年暮れに鎌掛(かまか)けと言って、縦、横と鎌で切り分けた作業があったもんじゃ。

田起こしは、春早く土を掘り起こし、水とかき混ぜ耕す作業である。土を最後に、細かくドロドロに溶かす作業は、細長の石に縄を巻付け、田の中を外側から引き回し土をこねる。次に、えぶりという農具で、田んぼの表面を均一にならす。ならした表面に浮いた塵を、薄い板に取手を付けたもので小刻みに刻みながら後ろへ下がる。この刻む音から「チャクチャクする」と言った。

二日程、上を落ち着かせて種まきである。種籾は、種池に十日浸けてムシロの上で水を切った。

その日は四月十五日の春祭りの午前がお決まりであった。

水苗代は四十日経つと本葉四枚程育ち、田植えであるから、その間は田植え前の野良仕事じゃ。

チャクチャク

苗代の準備

水を張り、打ち返し。種まきが近づくと、細長の手ごろな石に縄を巻き、苗代田を外から内へ引き回り泥をこねる。えぶりで平らに均す。板の長さ 1.5m,、幅 30㎝の板に人丈の棒を板に打ち付けて、籾の芽出しを助けるために固形物を沈め、表面を滑らかな土にした。
これをを「チャクチャク」といった。

泥が落ち着いた 4 月 18 日春祭りの午前中種まきをした。これより 40 日後、田植えが始まる。

田の荒起こし

野良の仕事初めは畦の天井と腹を切り取る。田起しが本格的に始まる。各田の水戸口をワラで整える。畦作り作業を進める手順じゃ。荒起こしが始まる。

田の畦塗が終わると直ぐに豆と小豆を鎌で穴を開け二つぶ程づつ入れてふさいで行く仕事は子供がよく使われた。

荒起こしは鍬で荒起こしもあるが、大仕事であった。牛のすき起こし田が小さいと何枚もの田を駆けて行かないと回転が出来ない。条件次第であった。

我が村は山麓地帯の半湿田のため、牛でないと田の仕事は向かなかった。牛のすき起こしを頼むと、牛にはタバコ（休憩）に飼葉を与えた。牛使いには、黄な粉のお握りを出した。子供の時、野良で食べるお握りの美味しかった事を思い出す。打ち返しをする、水面の所へ高い土を投げながら前へ出る。最後の田均しは板鍬で打ち返して、えぶりで水平に均し仕上げであった。

この間、畦のくろの草刈りを行なう。意外にたくさんの仕事があるもんじゃ。

一、荒起こし
二、畦作り作業
三、打ち返し
四、仕上げの打ち返しと、えぶり作業。

各家の苗作りから本田の移植までの四十日間の野良作業である。

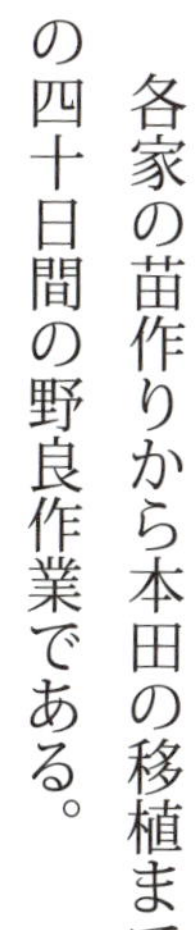

田作り

種まきが近づくと、細長の手ごろな石に縄を巻き、苗代田を外から内へ引き回り泥をこねる。

ツボ腐りの泥を苗代田へ出す。ツボ腐りとは、昨年刈り取った草を坪へ入れ、人糞などと打ち混ぜ腐らせた物。それを苗代田へ入れる作業を坪出しと言う。

ツボ腐りで稲の苗が良く育ち、又苗を取るとき泥が軽く落ちやすい。

水を張り、打ち返し。種まきが近づくと、細長の手ごろな石に縄を巻き、苗代田を外から内へ引き回り泥をこねる。

苗代田の稲株は暮れ方に縦、横に株を切っておく。普通の田は半割に株を切る。これを株掛けと言う。

株掛け鎌があった。昭和二十年中頃足に履き株の上を踏み切る物も出来たが、耕耘機が出来てから、この作業は無用になった。

畦塗の分の土をこねて板鍬（いたぐわ）で叩き泥を固める。畦塗をする。四つ鍬で畦の腹と天井へ土を付ける。板鍬で平たく叩き凹凸を撫でる。これを「にぶる」という。仕上がった畦に鎌で等間隔に穴をあけ豆と小豆を植えていた。昔は畦を豆づくりに利用した。田んぼの区画整理で畦豆は禁じられ、畦塗も無くなった。

荒起こしと畦塗の次は、畦塗後の穴へ田の内より土を引き込む。畦前を引くという。水田になる、荒起こしの土を打ち返し、土を砕く。その作業と高低差を直しながら進む。

田のクロ（縁）の草刈りをする。水で土が柔らかくなった田を鍬で打ち返していぶりで土を均して仕上げである。田植え迄の大方の作業である。

田植え

田植えは、皐月（さつき）と呼び、五月中旬から六月の始め頃にかけて、家族・親戚、近隣の家々を交えて総がかりで行った。祖母の代では家族がその日の植える苗を早朝に取り置いたそうだ。

日中は田植えを夫婦でしたと言う。男も女も共に十日間位を隣の家と行き交い田植えを行っていたとも言っていた。

戦争中は男手を兵隊に取られた農家が多くあって、村中が助け合い、日取りを決めて作業を進めていた。

戦後は家毎、田植えの日取りが決まる中で女衆の結（ゆい）と人足の賃稼ぎの方を決め合い人足六人または八人を決めて田植えを進めるようになった。合わせて男で苗取人足を決めた。結で行き交うことが多かった。

結とは、集落など住民同士で助け合い、協力し合うことである。

昭和二十五、六年から一日から二日で田植えが終わるようになり、個々の家と話し合い日取りが進められた。合わせて農協のタバコ（休憩）時の食パンの注文と配達が始まったもんじゃ。

昭和四十年、区画整理事業で機械化時代に変わりこれらは消えてしもうた。

作業休憩を「たばこ」と称した。たばこのおやつは、家に依って気遣いが出るとして、農協がパンを進め、これがお決まりコースになった。

植付盆（うえつけぼん）

村惣代（むらそうだい）は、村じゅうの田植えが終わったら植え付盆の合図を、夜八時頃、村太鼓を外に出して打ち鳴らした。

晩の太鼓は翌日一日を仕事休みの案内。これを「ボタモチ」と言った。嫁ぎ先の子や孫を呼ぶ家もあった。

朝の太鼓は当日の午後仕事を休めである。太鼓の打ち方は「真討ち」である。

そのリズムを下に書いたが、ドン、ドン、ドンと間を置き右、左の手で打つ。

ドドンは両の手を力一杯同時に打ち下ろす。この時は飛び上がって体重を掛けて打ち込んでいた。大きくドンである。一方、両手を交互に早く打ち込むとドドンである。

植付盆リズム

ドン（間を置く）
ドン　ドドン（左右早打ち）　ドン（両手打ち）
ドン（間を置く）
ドン　ドン（両手打ち）

昭和四十年代の、上手な打ち手のリズムから

植付盆

『福光町史』によれば、田植えが終わったら「植付盆」と称して半日休業した。昔は村肝煎（きもいり）が村内に布令を出し、田休みをして休業させたという。

らつ打つ

田植え後の仕事は落合い。板鍬の刃の長い鍬があって「落打ち鍬」と言った。この鍬で、一番らつ、二番らつをして稲苗の間合いの土を縦、横を打ち返した。

一番らつ。植えた苗の間を、それ用の板鍬で土を反転して行く。

二番らつ。縦、横と土を反転する。空気を入れると言っていた。縦、横である。

戦後、転がす刃の落打機が出たちゃ。

水争い

刀利ダムができる以前までは、村々では水を巡る争いが絶えなかった。水を巡って村同士で争いが起きた時は、交渉術に長けた弁舌巧みな人が必要で、とある村で水争いが起きた時、「起きたぞ」と仕事で高岡にいた弁士を呼び寄せて争ったと伝わっている。そしてこの水争いは、見て育つ村の子供の性格まで変えたと言われる。

鰊叩き

春田の肥し。硬く干せた鰊を田へ撒くため砕くのであるが、大きい鰊は拾って家族の食膳に乗るのだった。

肥しを撒く。肥しは鰊等の有機質。

江戸時代は北海道の鰊を北前船で運んだ。

諸々の肥しなるものを尿と称した。村の帳面には「尿代銀」として加賀藩とやりとりした記録が残る。そこには魚肥も含まれた。

晩秋ワラを切り尿を混ぜ堆肥を作って田に撒いた。寒くなると堆肥は発酵して湯気が上がっていた。

戦後化学肥料が出始めたが、窒素、加里、リン酸であるが、それぞれの成分の理解が成らず、特に窒素を主にして、青田、つまり葉の色を中心に見るから稲の身体が大きくなり倒伏する始末で難儀していた。

そのことから「青田を褒めるな」と合言葉だったちゃ。

倒伏の稲を刈る時は、一株ごと手で起こして、鎌を入れる。大変手間が掛かり稲は長いし稲穂は地面で芽が出たりで商品価値が無いちゃ。家の者から泣き言で親父はたまらんちゃ。

福光農林漁業資料館蔵

夏

田祭り

六月十一日

この日は昔からの田祭りとして休日だった。そして、これまでの田仕事を頼んだ人への人足賃の支払いを前日までに済ませる決まりがあった。

人足賃を支払った。

また、この日は、ぼた餅の日として田仕事の一区切りで、お祝いの日でもあった。嫁の里から餅を五重箱で担いでくる日でもあった。

しかし生活改善で古いしきたりを辞めようという世相となり、昭和三十年頃を境にこのような風習は消えていった。

ぼた餅の入った五重箱

家紋入りの大風呂敷に包んで届けた。

嫁里の付け届け

三月　節句、ひな祭り。
五月　節句、鯉のぼり。
　皐月（さつき）（田植え）餅を担いで手伝い。
七月一日　煎り菓子盆。
九月　稲刈り手伝い。十月針せんぼう。
十二月　御歳暮に寒ブリ一本贈る。
　朝拝（ちょはい）帰り、里帰り、五重箱にお餅。母親が五重箱を担いで婚家へ送る。

　等々があったが、これらは生活改善の対象で、初め頃は一年かの申し合わせだったが何時しか無くなった。

親は電信柱にまでお辞儀した。

朝拝行事

　そのおこりは、六百年も昔の南北朝期の出来事の南朝崇拝事にまで遡り、その名残として、嫁入り先から里へ行くことを「朝拝に行く」婚家に帰ることを「朝拝帰り」となった。花嫁の時は親が娘について、五重箱に餅を荷いで送ったのである。当地の風習・主に正月月間に行う。福光石黒党は後醍醐天皇、南朝方の大覚寺統系寺院下の荘園主だった。鎌倉幕府が倒れて後、越中砺波地方は南朝方の有力地盤として石黒党が支配していた。武家方足利尊氏は北朝を御旗にして勢力をふるった。故に南朝武士団は北朝武士団に追われて石黒党の元へ逃れ集まった。

　この福光は特に石黒氏が砺波地方一円を支配し、南朝方寺院領の荘園なので、南朝崇拝を行い、横の連携で一族の団結を図った行事が始まりだった。その習いが親しい親近者で正月の月間に自家の取れた野菜や山菜で御膳を作り、横の繋がりの絆を大事に保ち合い朝拝事として引きつがれた。その後、朝拝事として昭和二十年頃まで近しい縁者を呼び合った。その後に嫁さんの里帰りが朝拝と変わった。その朝拝の名称は昭和三十五年後には消滅した。福光の田舎には南朝方縁の一族が多くおられる所以である。文書にあるのは幕末の弘化三年加賀藩御仕立村となった時指定期間の五年間は朝拝を禁じられた記録がある。その後昭和初期まで近い親族の呼び合いが続いていたと親父の話から。

田の草とり

田んぼは四回、田の草取りをした。

三回目までは五株を草取りして進むが、四回目ともなれば稲が伸びて跨げず四株である。しかも稲の葉で目を突くため金網の面を付けての作業であった。草との闘いだった。

六月十二日から一回目の田の草とり。

田一面の草を手で泥に埋めて行く作業の始まりだ。

七月一日　煎菓子盆。

嫁里より餅の付け届けあり。

四回目の田の草取は七月に入るので稲丈が伸びて稲を跨ぐことが出来ないので四株で進む、稲の葉が目を付くから金網の面を顔に付けた。暑くなると虻が出る。男の股引は前の紐で両足の筒を取り付けているのでお尻で掛け合わせた。そのため、うつむくと後ろの掛け合わせであるため、虻が入り刺して行く。手は泥で使えない難儀な股引だった。女はモンペだから問題なし。その間六月下旬梅雨時、畦草刈りを女集が行う。

この時期になるとブト虫が発生して刺されると、かゆくてたまらない。対策はワラツトに包んだ綿のボロ切れに火を付けてその煙でブト虫などを避けて作業をした。鎌が切れなくなるから腰袋に小さい砥石を持参した。

田のクロ（田の縁）の草刈りを行う。蛇が沢山潜んでいた。かまで蛇を刈ると誰もが嫌である。

鎌で蛇を切ることがある。

その時母は、「かわいさげに髪の毛抜いて蛇に与えてやる」と言っていたちゃ。

畔草刈り・ニキかき

梅雨時は草も大きくなるので、畔草刈りである。二人で向き合って刈ると鎌先が左右に向くから一度に終わる。

その頃はブト虫が大変だった。虫を避ける為、綿のボロを丸めて燃やし煙る様に包み、ワラットに入れて腰に下げると、煙でブト虫はこなくなると古老は話してくれたちゃ。耕地整理の昭和四十年で終わったわい。

ニキかき（田の作業の仕上げ）

田の草取りが四回終わると溝切だ。水田の仕上げは田の溝切で「ニキかき」と言った。

足で稲の両脇の根元を踏みながら、その泥を両手ですくって脇へ押し上げて溝を作りながら下がって行くのである。

今日の様に田干しが無いため、泥鰌が多くいた。大きい泥鰌が黄色い腹で「ギュウ」と鳴き声を上げた。泥鰌は雨で小川へ流れたもんじゃ。

秋

稲刈り

九月、九日頃秋祭りが終わったら稲刈りが始まる。十五日頃から本格的になり、十月半ば頃まで続いた。

午前中、稲を刈る。干す時に穂が広がるよう、三株を一手として刈り置き、上に二手目を斜め交差に重ね、三手目も同じ向きの斜めに重ねて一把とした。一把づつ地面に並べて進み、刈り終わった後、一把束ねては穂先を広げて立たせと、地干ししながら進む。

夕方は午前に刈って一日干せしたものを集める。四把づつ運び、十二把を一束で、三束積（三束積み）を作る。まず二把づつを二段、次から四把づつを下の稲穂の上に株元が来る置き方で十文字に重ねる。その要領にて十段、十一段目はまた二把づつを十文字にして蓋とする。一日干せ三束で三束積。三束は脱穀するとだいたい大箕に一杯だった。最後は数を確認する。

帰宅してから帳面に三束積の数を記す。稲の刈り仕舞い時、総数の合計で今年の出来具合を確認した。家には昔からの帖付がある。

1手＝3株

1把＝3手

稲干し（いねぼし）

一日目は三束積。翌日、百姓は一家総出で朝暗いうちからそれを崩し地干しをし、午後になるとじき軽くなった束をニョウへと積んでいく。その間に、まだ残った稲も刈る。干せ上がりまでこれが続く。

一日目のニョウは三束積み「さんぞくずん」と称した。

二日目は6～7束でニョウにする。「タツビニョウ」と称した。

三日目は30束ほどでニョウにする。「カタメニョウ」と称した。

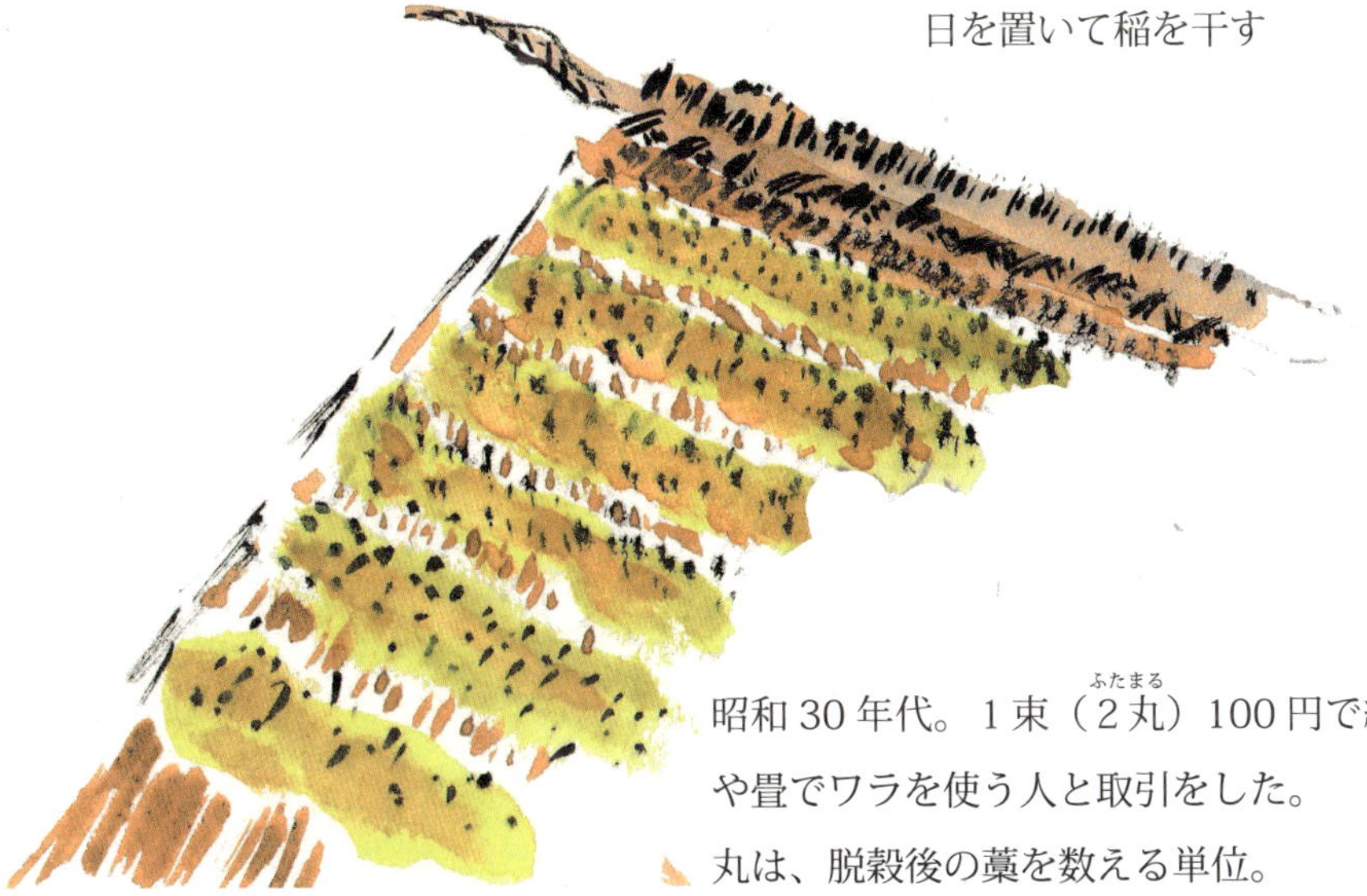

ニョウ

刈り取った稲束を円錐形に積み上げたもの。刈り取りから脱穀までの間、雨風から稲を守るため作られた。

二日目は二日干せ（ふつかぼせ）の稲で立部（たつび）ニョウ。一番下は二把を穂が湿らぬよう穂先を上向きに曲げて置く。その上に四把づつ穂を重ねながら円に積み上げ、六、七束くらいでニョウにする。上蓋は、二把づつを十文字に置く。

三日目は固め（かため）ニョウ。日の高いうちに、田の水引きの良い場所に積む。四把の穂を上に曲げ、四把づつを配列よく穂を中心に円に投げ積む。上部の中が高くなるように三十束位を積み、上にワラガイを巻いて屋根をつくる。ニョウの中央に穂が下がって空洞ができるので、稲が熱いうちに積むことで、冷める時に穂の水分が抜ける。

穂干し。稲扱き（こき）（脱穀）前にワラガイを敷いた上で穂干しする。穂を一列に並べ、次からは先の穂の下部にずらして穂先を広げる。歯で噛んでみて、米がカツンと音をたてて割れたら干しあがり。

日を置いて稲を干す

昭和30年代。1束（2丸（ふたまる））100円で縄や畳でワラを使う人と取引をした。丸は、脱穀後の藁を数える単位。

豆類の取り込み

豆は大豆や小豆、黒豆、黄な粉豆など植えた。当地は畑地が少なく、田の畦（あぜ）に大豆と小豆を同時に植えた。

稲の収穫が終わった十月、大豆と小豆を同時に引く。豆のさや先を上に立てて、五、六把で寄せて数日間天日干しの後、豆打つ日まで大きくまとめたニョウとする。雨除けにワラガイをかぶせた。

豆打ちは、天気の良い日を見はって早朝から、全部の豆を集めて干し上げる。

豆打ちするため、家の一角の周囲に筵（むしろ）を吊り下げて豆打ち場と豆打ち台を作った。

豆が干せた十時頃、おやじは豆打ち場で豆の束を両手に一把ずつ持って台に叩いてさやから豆を取り出した。横では祖母さんが、バイ打ちで打ち漏らした豆をとった。さやには細かい毛があり粉が舞うようだった。

その後は、唐箕（とうみ）でカラやゴミを飛ばした。

バイ打ち

そり返った、桜の枝で作った棒

秋の大風（おおかぜ）

戦前は台風を大風と呼んだ。今日と違って天気予報がなかったちゃ。戦争の報道は派手にあったが大風の知らせが無く大変だった。当時お盆から九月頃の大風だ。何しろ突然、風速三十五メートル位が毎年何度も来たりで、とても大変だった。稲のニョウが飛ぶやら大騒ぎやちゃ。そんな時は山が近く見えて南風が吹き大風が来ると直ぐ感じたちゃ。大きな木は倒れるし、家は揺れるで恐ろしかったちゃ。

戦争の情報は勝った話ばかり大きくて、大風なんて何の情報も無いのだった。百姓は縄持って杭持って鎌持っておおわらわじゃ。稲束は飛んでよその家の田へ行き、慌ててひらいに走るやらで大騒ぎだった。風は西風に変わってて大雨で荒れコツだ。雨になるとやがては治まるのであった。

大風で南西風がとても強く恐れいるうち、青空で風が止む、空を見上げる。そのうち、曇り始め雨に風が吹き始めると今度は北西の風だ。雨で大嵐だ、それが段々と治まると嘘の様に静かだが、後片付けが大変だった。

大風の最中に青空になると台風の目の中で、風の向きが変わって強い雨風になって止む。世の中が治まり天気予報が出されて初めて台風を知ったちゃ。

今日ジャ雪は昔ほど降らんし。暑くてたまらんわい。ところが大風の流れが大変わりしとるがでないけ。娑婆（しゃば）は二つの対象物「二元（にげん）」の、もみ合いが、おもてと裏が大きく変わったがでないけ。

脱穀

稲穂をもらす（脱穀する）道具は、江戸時代に千歯扱き（せんばこ）が発明され明治から大正期まで使われた。

千歯抜き

足踏み脱穀機

大正期には、足踏み脱穀機が発明された。

祖母がよー言うたわい。

「隣在所は北側の高台で、天気の良い日突然妙な音が『ぎーこん、ぎーこん』と風に乗って聞こえた」

とても聞き捨て成らん音じゃ。直ぐ何事だと見に走って驚いたとい。

回転する太鼓に稲一把の稲束を左右に振り当てて、あっという間に稲が籾の外れたワラになって後ろへポイと投げた。

千場扱きは少しの稲穂を鉄の歯に掛けては力一杯引くのであるから話にならん。足踏み脱穀機であった。

直ぐ求めに走ったそうじゃ。

籾摺（もみすり）

籾を米にする臼摺り（うすず）は泥臼（どろうす）であった。

これは二人が向かい合わせで泥臼に籾を入れながら引き回すものである。相棒の息が合わないと臼が重いとこぼしていた。泥臼の籾殻を分けるのにトン（風車選別機）で籾や米から籾殻を飛ばして除くのである。米と籾の仕別けは千石機（せんごくき）の一枚網へ流して仕分けた。籾は泥臼へ戻すのである。

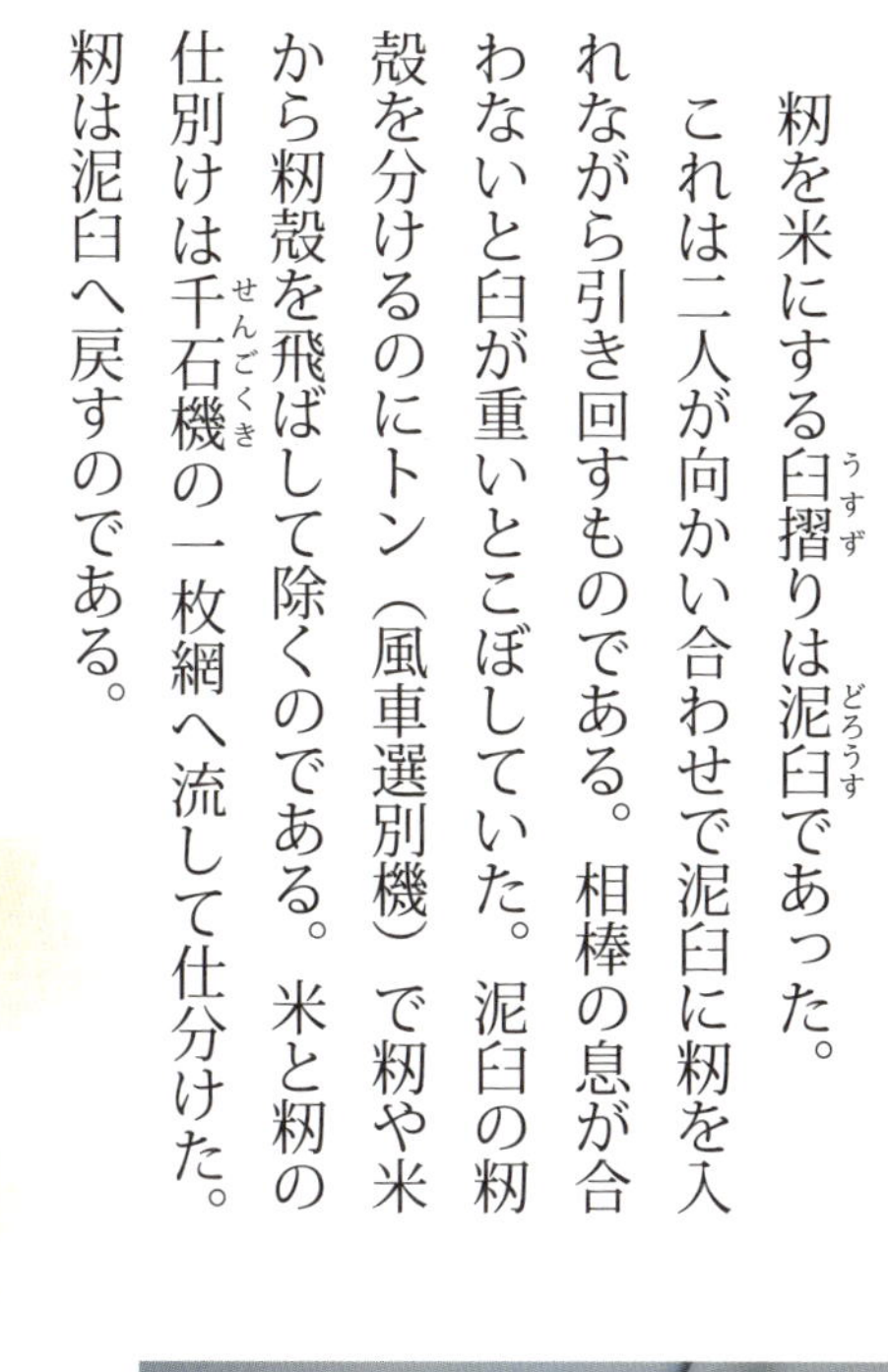

大正期、籾摺りは発動機の普及で全自動の籾摺り機が村へ入った。革命的発展だった。

この籾摺り機の活用は昭和二十五・六年頃まで続いた。村の農家四十数戸が日割りして機械を移動することから一日が始まる。何しろ発動機が大きくて重い、隣家ヨリの移動だが、縄に、二本の肩ね棒（かたねぼう）の端っこの四か所で四人の男が肩を入れて吊り下げて小道を移動する。重荷だ、狭い道で大仕事である。家で籾摺り機と昇降機に万石機（まんごくき）をセットして発動機で稼働が始まる。一日で全部米になった。運転手と人足二人が就くので、飯米の他、売る米は俵詰めで仕上がるのであった。大変な進歩でねえ。

万石機

昭和に入ってから、全自動の万石機が開発された。

籾入れの筵立て（むしろだて）

むしろ三枚、掛け合わせ縫いで籾米六百キロ、約十俵分が入り、むしろ四枚縦掛け合わせ縫いで約籾米二十俵が入った。

昭和四十年以前の田一枚は二、三畝（せ）で大きくて五畝だった。地形に沿って畦で区切った田圃を三反の大きさに区切り農道を配置する区画整理を昭和四十年境にして、刀利（とうり）ダムの完成と明神川（みょうじんがわ）用水が整備された。

同時に耕地の区画整理が行われ、一枚の田は三反区画となった。

二、三年は人力で耕作していたが、その間に機械化が進められて、労働時間の短縮と工業の発展で農家は工場へ勤めながらの百姓に変わった。農業機械は大型化して進歩する一方、田一枚三反では作業に窮屈であり、更に重力が増して、狭い田の地盤を壊して不便が生じた。また、農家の若者たちは働く条件に合わせて都市に生活を移して、家庭菜園の様な一町何某の歩数の百姓の未練は消えて、故郷を離れて行く気配へと変わった。

こうして令和五年現在、更に田一枚を一町歩の機械化時代の農園経営へと区画整理が始まっている。今後農家の姿は大きく変わろうとしている。

籾の貯蔵方法

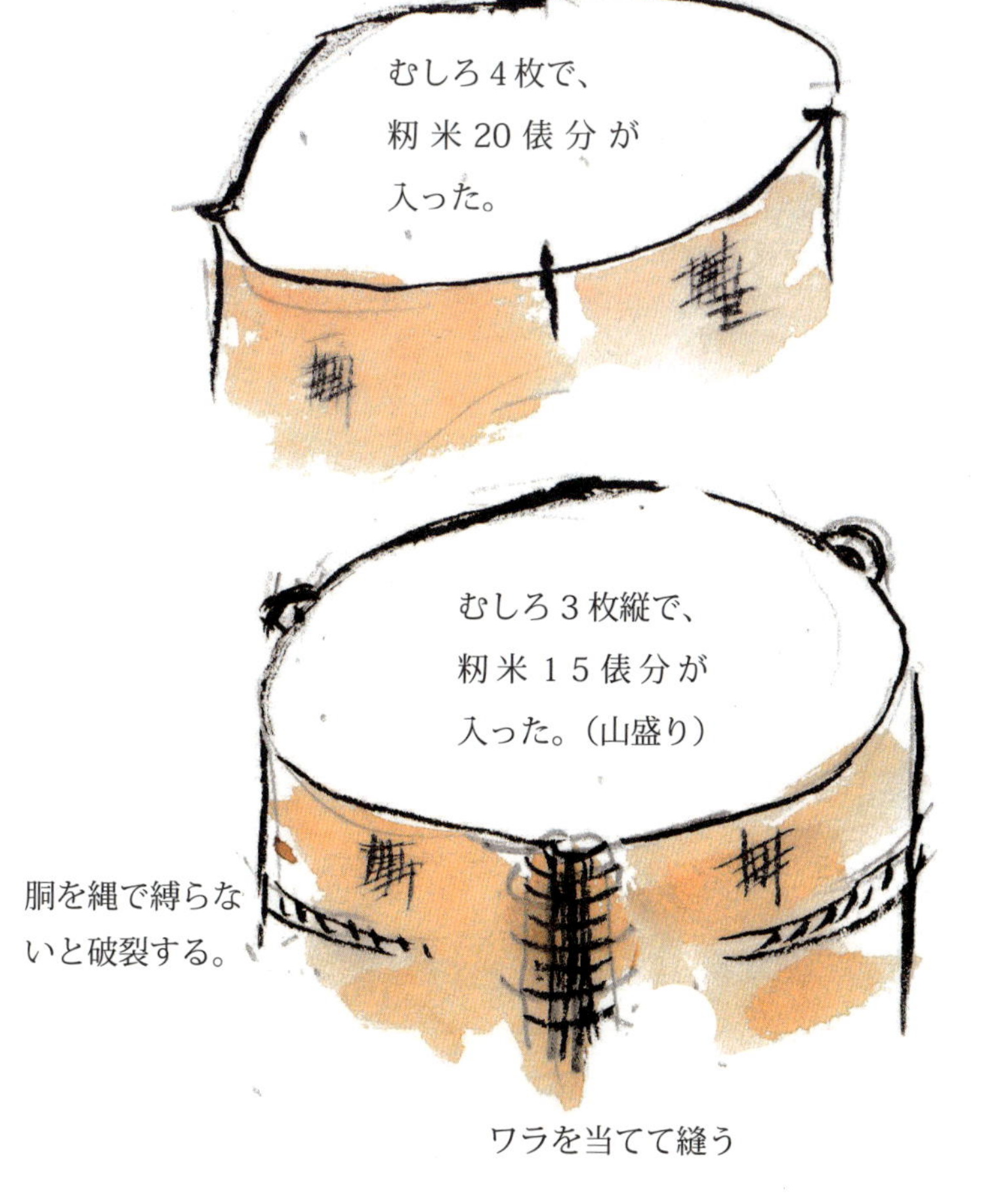

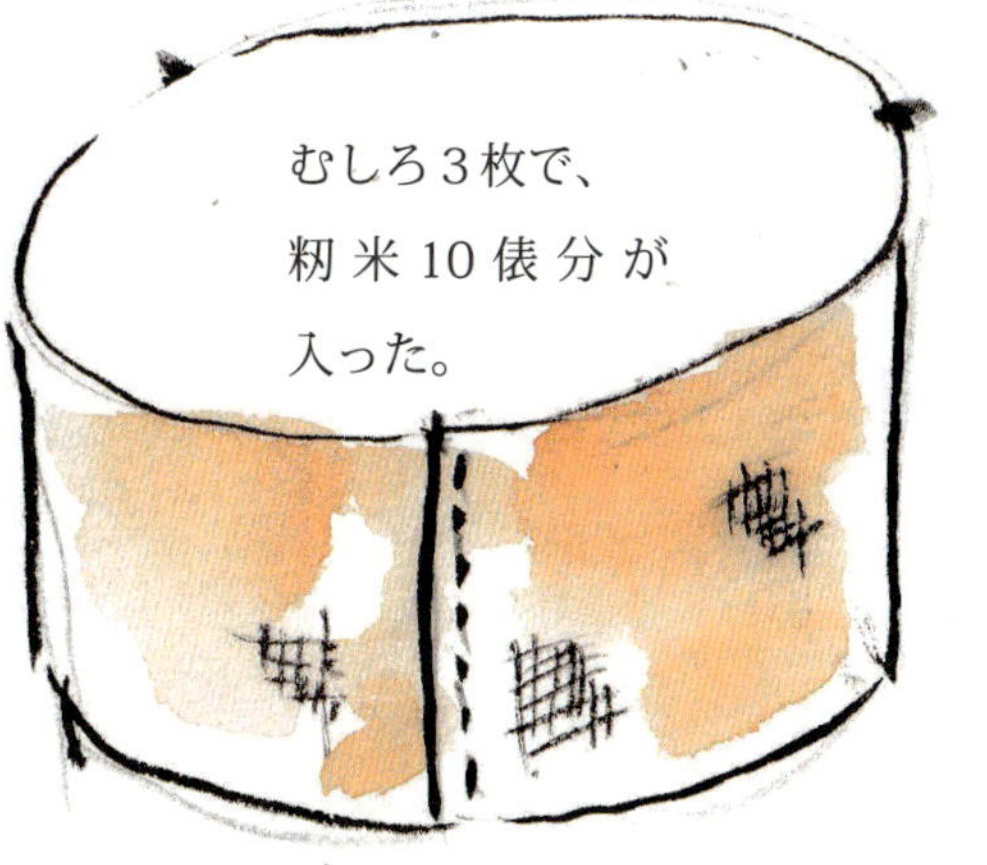

俵の重さ

1俵（16貫目）＝60Kg

2俵半＝1石＝150Kg

センマツ直し

センマツ直しとは、小さい田を大きくする工事のこと。

泥運びの工事はもっぱらモッコであった。ワラ縄を編んで手ごろな網にして取り手の縄を付け二人で網に泥を入れて肩ね棒（かたねぼう）で担ぐのである。

秋の取入れが終わり雪が無い間の暮れ方から春先の仕事だが、何れの家も掛かれるものではなかった。生活に余裕がないとネ。

過去と現代の狭間で

昭和四十年以前の田一枚は二、三畝で大きくて五畝だった。又、各村落は山の出水では、水不足に悩まさていた。豊かな砺波平野の活性化と発展を目指した企画が、刀利ダム建設だった。その完成と明神川用水が進められた。同時に耕地の区画整理が行われて、一枚の田が三反区画となった。

水の心配は無くなり、稲作に余力が出来た。また二、三年は人力で耕作していたが、その間に機械化が進められた。が、その機械が進化し活用できるまでは百姓も機械業者共に大変な努力の日々があった。

肩ね棒

荷物を肩で担ぐときの天秤棒

冬野菜の取り込み

十一月初旬、根菜類や白菜・ネギ等の越冬野菜の取り込みに「大根引き」で大忙しだ。

漬物用の干し大根は稲架掛けで干す。沢庵干しと浅漬は軽く干す。

漬物部屋では、主役は味噌桶だ。沢庵漬桶、浅漬桶、茎漬桶があった。

漬物用の塩は叺入りで六十キロ、当時は十六貫であった。湯浅家の江戸時代の日記に、津沢から十六貫の叺を担いで来たという記録がある。

味噌、漬物は重宝されていた。塩漬けは年中食の不足時に備えるから重宝されたのだ。

保存食

当時は大根が冬を越す副食材の主役であった。大根の葉っぱを茎から取るから茎漬けだ。大量の葉は一枚も捨てないで漬けた。冬の大事な漬菜（つけな）。腐らないから無くなる迄長く食べられた。

大根は、そのまま一ケ所に寄せ土を乗せ、その上に霜を避けるためワラをかぶせて保存。葉生け大根は冬に生大根で食す。

春、残った大根は短冊に切ってさっと茹でて「ホンゴリ」と言う。保存食。

葉は干菜（ほしな）で、大根と切り外し、ワラで編み吊るす、冬この干菜の新葉を摘み取り、「よごし」にした。残りの葉は風呂へ入れた。大変温まる。

軽く干した大根は浅漬け。大きな桶に漬け込んだ。日が経ち古漬けになると塩抜きして漬物を煮たものだがこれを「イルゴキ」と言う。年中食べることが出来るちゃ。

春先には「野ぶき」や山菜「よし菜」の塩漬。茄子を夏に収穫して薄切りにし干して「干し茄子」保存食だった。

秋には皮取（かわとり）。赤い里芋の茎の皮をむきワラで編んで干すと「かわとり」になる。

赤芋の葉、八ツ頭の葉を刻み、干して冬「いもじのよごし」にする。赤い芋の茎は酢ズキにもなり全て食する。但し、白芋は里芋だけ食べて頭芋や葉は食べない、子芋が主流で沢山収穫出来る。

南瓜は冬頃までだった。また、ほうきんは実を干して食用、茎は箒（ほうき）にした。地域毎に工夫された食べ方があった。

大根は、冬を越すには欠かせない野菜だった。
写真は大正12年頃。

冬仕事

冬は百姓が一年に使う、必要な道具を作った。

俵作り

米の入れ物の俵づくり。まず、細くて強いニゴ縄をなう。

ニゴは稲穂の芯で、上から最初の節までの四〇cm位を指し、繊維が硬くイロイロな物を作る材料になった。ワラ束の株をねじって足で踏まえて、藁の穂先を小量づつ両の手で握り力を入れて抜き取る。必要量を抜いたら、杵で繊維が柔らかく成る迄打つ。このニゴを3本位ずつ左右で六本位で縄に縫い上げる。このニゴ縄をツチノコ（コモやヨシズを編む時の道具）に巻く。俵編み台（手編み台）に刻んだ幅の間隔四か所、一ケ所の左右でツチノコに巻く。ワラを、左右。俵の規定の長さの幅に編み込む、四斗、十六貫目（六十kg）の俵作り。

昭和三十年頃か、叺に変わる。俵や叺は三分五厘位の縄がいる。手縫縄、後、機械縄である。次に南京袋となる。この間は六十kgだった。その後現在の紙袋で三十kgだ。

筵織り

江戸時代、手編み筵は一日二枚から二枚半位。昭和に入り足踏み筵織機で筵作りが盛んであった。達人は一束（十枚）という。縦縄は別で細縄用の機械縄であった。二十五年から三十年代にかけて農家は筵織りで夢中だった。春先、筵を百束（千枚）も加工して売った家もあった。

春を迎える四月初め大雪の年、雪が残ることがある。三月中残る残雪の所へ灰をまき、雪を早く消す。モータの半自動筵織機も後半、普及した。縄三分五厘の縄等も盛んであった。ワラを買い集めてだった。一把はワラ両の手一杯位。六把で一丸束ねる。二丸で一束と言う。昭和四十年頃の値段は一束百円位の値が付いた。間もなくコンバインの普及で昭和四十五年以後下火になった。農業機械化と化学製品の普及からである。

藁仕事

荷担ぎの荷縄、三つ編み。下手な縄は荷を〆る時、滑らかでないから直ぐ切れる。深靴、イズミやフゴ（物入れ籠）等々は百姓の必需品だ。達人の手作り品は荒物屋へ出した。細い縄で編んだ物もあった。

家庭で使う日用品は藁加工だった。学校の内履きは親の手造り草履で、昭和三十年初め頃まで履いた。戦前戦後何れも生活の必需品は藁で加工したものである。米俵用、丈夫な手ない縄は多用性の高い必需品で、冬、近所へ柔らかく打った藁を持って親父らは隣家へ遊びに行き、縄をないながら世間話に花を咲かす一時を楽しんだ。政治の世論から近在の出来事と村のことや噂話に花をそえたもんじゃ。その場所は囲炉裏端で藁屑はその場で燃やしたもんじゃ。

ムシロ

ツチノコ

コモやヨシズを編む時の道具

冬支度・正月準備

雪囲い

秋の暮、萱を萱場より刈り出す。萱は長いので山中は横になって萱を背負い歩いたものだった。

十月下旬からは家の雪囲いをする。これも大仕事で家の周りを厳重に萱（芒）やオオダレで囲ったものだ。当時は十一月下旬には雪が来るチャ。早い年には十一月の雪が溶けずに十二月初めの雪が積もり根雪となった時もよくあった。家は雪で間もなく埋まってしまうのであった。

十二月は、更に雪からの冬越しで親等はせわしなく働いていた。子供であった自分は祖母とひっそりと茶の間であんか炬燵にうずくまっていた記憶がある。背戸の素麺戸に小さなガラス窓があって雪がしきりに降る様子を祖母と寒いなーと眺めていた。そんな時、父が背戸にある大きな木の実の「志那なし」を取ってくれた記憶、三社柿の熟した実を蕎麦のイコで掻いてくれた美味さは八十年の歳月を過ぎても昨日のようでね、何しろ戦時中だから何もない時だもの、かえってしみじみとね。

仏具の磨きものは小さい自分は何時も祖母の傍で手伝いをしていた。磨く薬品は無いのでワラ灰で磨いていたものだった。尚、暮れ方の買い物帳の支払いは、新年も出入りを宜しくの意味で金額はわずかなりとも借金を残した。全額支払いは縁切りを意味すると、親父は教えてくれた。

大歳には餅つきである、餅はたくさん作った。母と祖母は大忙し、一斗八升の餅つきであった。御鏡、ヨモギ団子、ゴンダ餅、粟餅、豆餅等子供の自分には楽しい大歳だった。これらの入れ物は半切りという大きな蓋つきの朱塗の桶に入れてあった。

正月、餅米二升のセイロが四セイロひと上げ、二上げで一斗六升である。切り餅、ヨモギ団子、黍団子、粟団子、ゴンダ（うるち米3対もち米7）が作られた。翌日切って「半切り」に入れていた。

茶の間の西際に置いてあって囲炉裏の火の灰に並べてあぶり焼き、手に取り灰を吹き手で叩き落としながら食べる。痩せた腹の美味しさ、今は昔の事である。

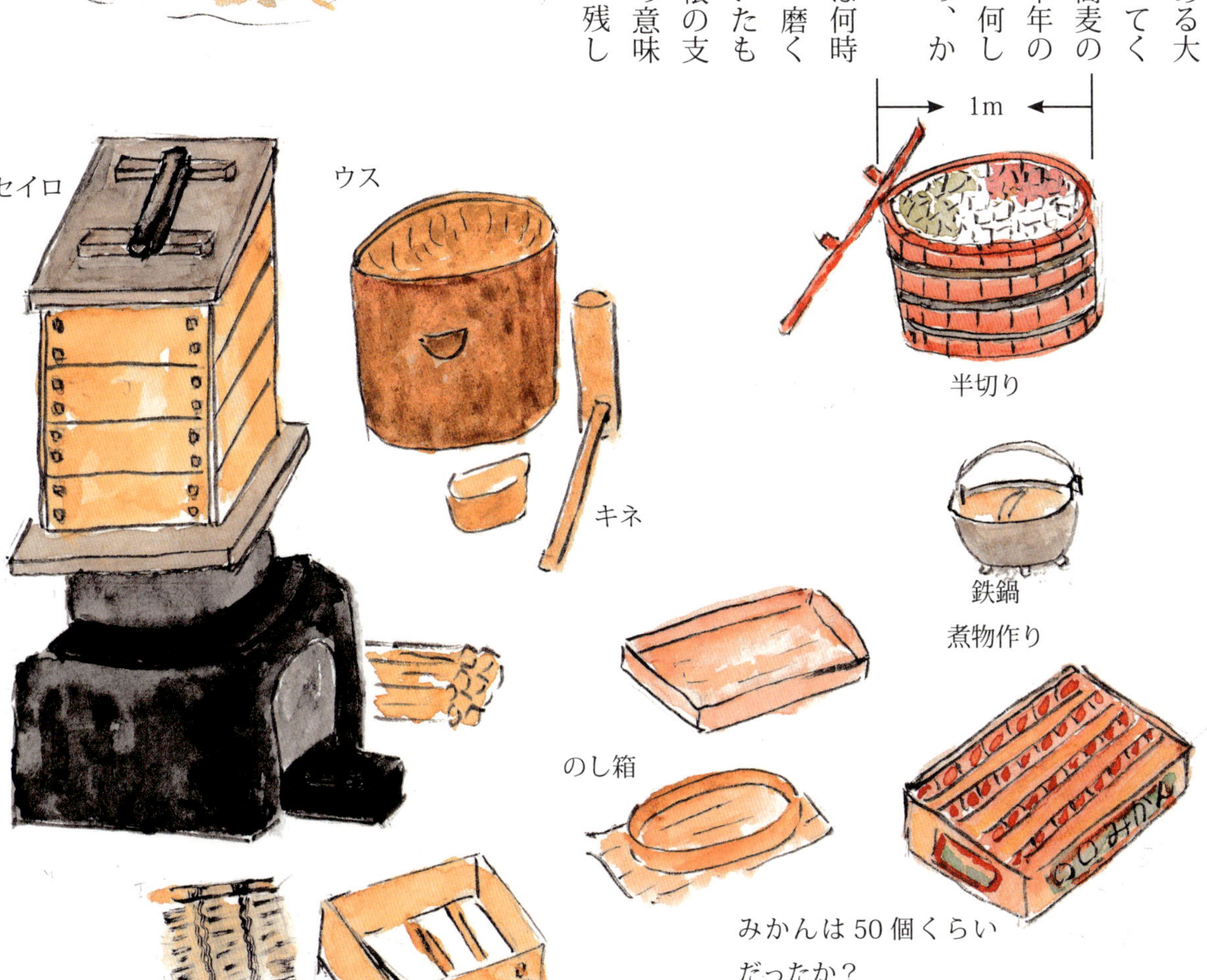

一年の暮らし

食事は箱膳で

昔は囲炉裏は煮炊きや暖房など生活の中心だった。昭和二十年代頃までは、食事はひとり毎に箱御膳であった。食事を済ますと茶碗にお湯を注ぎ漬物で茶碗を撫で回して飲み、（落とし湯）御膳箱に入れ、膳の蓋を伏せてしまう。茶の間の隅に箱膳を積み置いた。

親父は、囲炉裏の奥座側。姑、裏座（祖母）。嫁は姑の西並び、母、長男は表の姑向かい。伯母は嫁の向かい。

真ん中に鍋敷でおかず鍋と漬物鉢。嫁の傍に飯の桶で寒い時桶を布団で包む。ご飯は木のお櫃に入れて、冷たくならない様にお櫃布団でくるんだ。膳は数日毎に主婦が洗ったもんじゃ。

箱膳には意味があった。絵の茶色い膳はお父さんとお祖母ちゃん用で家に伝わったもの。男子用は黒い膳。女子用は赤い膳。右下のお母さんの赤い膳は嫁入り道具だった。

箱膳

郷土料理

●大根飯

「昼間のご飯じゃれど、冷飯やがいね」「そんなら、ちょっこる待っておいでや。早、出来るさかい」

手頃な大根を「百人前下し」で「ショキ、ショキ」と下して、鍋に入れて、その上へ味噌を乗せた上へ冷飯を乗せて、火にかけると大根の湯気で飯は熱くなり、大根と飯を混ぜた熱い大根飯は、何とも言えない香りで旨いものである。

●よごし

よごしは、砺波平野の代表的な郷土料理だ。野菜をゆでて細かく切り、味噌で炒ったもので、ゴマを加えると風味が増す。名前の由来は、野菜を炒って汚すことからとか、前日、作り置きして、「夜越し」の意味もあるとか。

江戸時代の記録にも出てくる、ご飯にとてもあう一品である。昔、子供時の作り方と今の作り方は大きな違いがある様だ。それは先ず水気がすくなくて、品物はもんやりと柔らかくして口当たりが良く、すりごまと味噌等の絡みが美味かった感がする。

●いるごき

たくあんの古漬けを塩出しして醤油で煮る。好みのナンバ、鰹節を加える物もある。家庭ごとに出来栄えが微妙に違う。御馳走に飽きた旦那様の好むイルゴキと言われるくらい美味いちゃ。

●タニシと黒豆の佃煮。

晩秋、田圃のタニシをひらい集めて、暫し水に着け置き泥を出させる。茹でて竹串で身を取りて、黒豆と佃煮風の味付けをする。これは中々乙な味だった。

●ゆべし

ゆべしはだし汁に溶き卵を流し寒天で固めたもの。家ではブリキの富士山形へ流し込んで作った。子供のオラチャは富士山形のゆべしを喜んだもんじゃ。

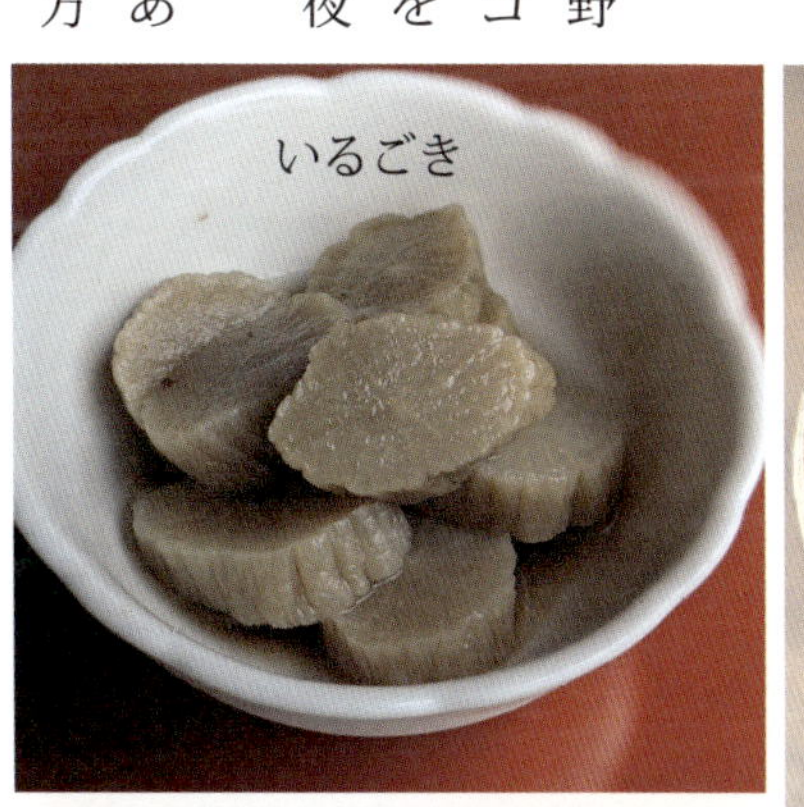

飯の地獄炊き

村に飯炊きの名人が居た。それはお釜に「クワラカラ」と煮えかえる湯の中へ米を、まくるあけ（ぶちまけ）ての飯炊きのことである。これはとても飯がうまかったそうである。父の話から、オラはいろんな事があるもんじゃなーと思うたちゃ。

槍の先清水（やりのさきしょうず）

舘村は槍の先清水が湧き出る地元である。夏、素麺を持って行き、湧き水の傍で茹で上げて、その冷水でさわした素麺は格別じゃぁ。自慢の夏を語っていた時代があったちゃ。当時の川は温度差で湯気が立ち上り草に木々は露で近づけなかったもんじゃ。川のドンドコには岩魚が沢山おって岩魚釣りに行く子もおったちゃ。今じゃ見られんがいね、今時場所は良いし、中間林道の傍で広瀬城跡と向かい合わせで良い観光地になったがねぇ。

味噌作り

昔は、農閑期の初夏に味噌を作った。村は味噌を作る道具を一式持っていた。家毎に予約して味噌作りだ。

大きな釜で豆が二斗(と)も煮られるちゃ。昼過ぎから火を入れて翌朝には食べ頃、どだい美味いチャ。

昼頃から豆を潰す。子供は面白く喜んで豆潰す機械のハンドルを握り回すちゃ。

親父は米且臼(こめかつうす)で豆、麹、塩等合わせて、味噌部屋の大きな桶へ入れておいでたちゃ。

豆・塩・麹は臼で合わせた

子どもは茹で豆を食べ食べ
ハンドルを廻す

豆を煮る窯は２斗釜

ゴンダ餅

村の真ん中にある地蔵堂へ子供が集まっていた。後から来た子は美味しそうにゴンダ餅をたべていた。米にもち米をあわせたゴンダ餅はご馳走だった。

先に来ていた子供は遂に「オラにくれまー」と取り上げた。さー大声で喚(わめ)いた。

「好三がオラのゴンダとっていったー」村中響いた。近くにいた大人が騒ぎに駆け付けたそうじゃ。

母はこの話を自分に聞かせて「人の物を取られんぞ」と言わなかったが、無言の言い付けをしおったたちゃ。

村芝居

昭和一九年大風で舘村の宮様が大木の下になりつぶれた。翌、二十年再建の春祭りの、餅まきで、紋付の袖が餅に真剣になって取れた戦時中の話。

戦争終わった二十二年春再建祝いの村芝居だった。外へ出ていた次男以下の男、女は生家へ戻っていた。皆行く末の不安で大変だった。が、民主主義で自由精神を理解し始めていた。昨日までのうっ憤を晴らす舞台だったのか、大きく盛り上がった様だ。女役は男が、男役は女の案配だった。村始め、他所からも見物人で大賑わい。

「司会の方、どこの人け」

「何言うておるがね。アンタン家（ち）の隣のおっちゃんじゃげ」

「あらやぁーハイカラであんまりうまいもんで、あらやー」

「唐笠（からかさ）の人、次郎平サの三番目のおっちゃんじゃろげ」

「なんがあんた、安平衛サの姉のタータじゃといけ」

「ほんまかいね、縦、横あがにどっしりと、へー、シャゴイちゃー」。

「そんなら赤いバァの人、孫六の二番目のタータでないけ」

「あら、あら、ありゃ、あんた源兵衛サの三番目のおっちゃんじゃといね。」

「なんちゅうことイネ。旨いことシナィ入れて男かいねぇ。」

なんてね。

此の前まで帝国婦人会の何某、在郷軍人会の何某、事あると万歳だった村人は、昨日の戦は何時の事やらと、平和な自由を楽しんだのであった。

おっちゃん　次男以下の男子
シャゴイ　ハイカラ
タータ　娘
赤いバァ　晴れ着

嫁どりの事

祖谷(そだん)のお寺さんが学校をいち早く開かれた。遠くからやって来る子供もいましたそうじゃ。だが、大雨の時や、雪の寒い日には、友達の家に上がって囲炉裏で火にあたり、学校へ行かなかったそうじゃ。そんな調子でも小学校四年間で卒業じゃ。やがて、年頃になると、お嫁さんを貰うことになるわい。

冬の農閑期のある日、親が頼んだらしく、仲人と嫁さんの親が、お婿になるアンマを覗きにきた。

冬は二間(にけん)半に三間(さんけん)の土間の「ニワ」と言うところでワラ仕事をしていた。

アンマ（長男）はその気配に気付き、早速読めもしない新聞を逆さに広げていかにもにもらしく読む振りをしたそうじゃ。

仲人と嫁さんの親は、「さすが祖谷の学校を出たほどあって新聞を読むとは、大したもんじゃ。

こんな人に家の娘を貰って貰えば嬉しいわい」と、たちまち縁談がまとまったとおー。

これを母親が子供のオラに語る訳、分かろぅげ。「えらいこっちゃ。勉強せんもんじゃさかい」

結婚

昔の婚姻は親が決めた。一般的には、世情に長けた仲人（媒酌人）が双方を紹介して見合いとなる。結納を交わし、結婚式は、晩12時頃、仲人を先頭に本人と親、親戚数名が到着し、道具等を運び込んだ。座敷には親戚が集い、祝いは夜明け頃まで続いたという。

昔の入れ物はワラ

わらは、色々な入れ物に使われた。

丸山・油揚げ

株側と穂先を縛る。
縛った穂先を折り曲げて更に縛る。

↓

両端を結んだわらの真ん中を開き、品物を入れて、真ん中をわらで数か所結ぶ入れ物を「ツト」と称した

豆腐

豆腐を包むときはわらを十文字に。
わらの、際に包丁を当ててわらを折る。

四方立てしたわらを上で寄せてわらで縛り、上を折って重ねて縛る。

豆腐のツトと子供

お盆である。

お墓参りに金沢から母と子が暑い砂利道を歩いてきました。この親子の前を爺様が奴豆腐をワラットで歩いていています。ワラで四方、包んで入れていたが、豆腐が多くてワラットの角が白くして丸出しに見える。

少し後ろの子供は暑く水気が欲しい、前の豆腐が気になってならん。

遂に「チョコ、チョコ」とかどに見える豆腐に小さい指でくじり取って口にいれた。お母さんは坊や止めなさい、と注意しました。が、味をしめた子は暫くして又豆腐クジリが始まったとお母さんの口説き話だった。

さぁー、この豆腐は如何なったかねぇ。

魚屋のツト雪

魚屋もお客さんのお買い物は藁で作った「ツト」を入れ物にして渡した。次の様な話があった。

その時分の十一月二十八日お七夜様頃から降った雪が消えないで十二月、其の儘根雪じゃ。そんな時、鰯が沢山取れて魚屋を賑わしておったそうじゃ。

お寺のお座参りの帰りにお婆さんはこの鰯を見て、生きの良い青光りに、今晩は鰯のすり身と沢山買いました。魚屋さんは藁ツトを大きく広げおまけとばかり積み込んでくれたそうじゃ。お婆さん町から山辺りの在所道へ入ると段々雪深くなりした。ツトの鰯も「てっこん、てっこん」と右へ左への「押し合い、へし合い」で、その内藁ツト内へ外の明かりが差しましたら鰯さんは広い外へポトリ、続いてポトリと藁の隙間から落ち始めたそうじゃ。

お婆さん雪道を汗して帰り、さあっと、鰯のツトを見てビックリ。鰯のワラ部屋に隙間が出来ていたそうじゃ。「ありゃぁまぁ、なんちゅうこっちゃ」とお寺参りで鰯が逃げたと、分かってか分からいでか、念仏しておい出でたと。こんなこと、ヨゥあるこっちゃ。

お七夜

親鸞聖人命日をお七夜とも称する。

黒作り

戦時中、昭和十九年、食料品や生活用品が不足でわずかの品を各村への配給があってね。更に少ない品をクジ引きで決めるから大変だ。だが。その中にイカの黒作りが丼一杯あったそうじゃ。ところが、誰一人手を挙げる人がいなかったので、父親が「こんな美味いもん。オラがもらって行くわい」と言ったそうだ。

さあそれからじゃ。村中で、この一件が話題になったらしい。

それを聞いた子供等から、小学校に入学した自分は、一番にあだ名をもらった。丼ブルである。そしてその訳を知ったのが二、三年後だ。村の者はイカの黒作りも知らないとは情けない。と腹の中で思ったが、黒作りでオラも腹は真っ黒じゃ。

兎追（ぼ）い

戦前、昭和十八年頃まで、二月寒の内、舘村の若連中は、雪山で兎追いをしておいでた。山の谷あいに網を仕掛けて張る。山の上から三方向より声をあげて網に向かい追い立てる。その役を「勢子（せこ）」と言う。

網の方には脇を固める人が立つ。捕れた兎は青年団倶楽部会館前に梯子を立てかけて逆さに兎を吊るし、解体しているのを子供の時見たが嫌だった。

ウサギ鍋である。その夜の酒の肴であり、山の話や世間の話に花を咲かせていたことだろう。

山菜採り

家の婆さんと隣の婆さんは連れで山菜採りによく出かけた。当時は山の手入れは良いし、熊鹿等大きい動物はいなかった。ぜんまいが一番の目当てだが、ワラビ、三つ葉、小豆菜、タラの芽、ぎぼうし、うど、ヨモギ。イタドリの新芽は子供のおやつで酸味だが物が無いから皮をむいて喜んで食べた。

採った山菜は腰付のイズミコに入れる。多くなりゃ背中の大きなイズミへ移して担ぐのであった。

イズミはニゴ縄で編んだものである。山を出る時二人のオババは「山の神様、あるがとう御座いました」と毎度お礼を言うて来るがジャ、と語らっておいでたちゃ。

苔（こけ）・栗採り

秋は苔採りで雨上がりに直ぐ近くの裏山へ採りに出掛けた。祖母が、「母は朝飯前に裏山で色々の苔を大箕（おおみ）に一杯も採って来たもんじゃが、オラッチャ、子供に何も教えなんだ」とヨー言うておったちゃ。昔は子供にも、苔などは教えなかった話はあったちゃ。場所が荒らされるからかねぇ。

アケビも採りに行く。栗は朝少し風が吹いた朝に出かけた。自然薯芋も取りに行った。「六月と十月末」熊、猪、カモシカなんて何処へ行ってもいないし気楽なもんじゃったわい。

薪割り・焚(た)くもん

囲炉裏の薪

初夏、冬の囲炉裏の薪の薪割りをする。我が家の隣に青年会館があった。

細い薪の丸太を横にして薪の長さに余るほど並べ、その上に大きい薪を置き、二人が向かい合わせでヨキ鉈(なた)を振りかざし丸太を打ち割る。村の青年会では二人が向かい合わせで一人が押さえて向かいが打ち下ろし、一気に半分だが、子供の時、恐ろしかったちゃ。

その割り木をアマ（屋根裏）へ上げた。囲炉裏の上なので、火アマといった。冬までに良く乾いたちゃ。

焚き付きはスン葉(ば)（乾いた杉の葉）豆がら、藁(わら)等であった。柴(しば)は、二十年毎に切り取る雑木だった。切った柴は束にしてニョウに積み上げ藁ガイで屋根を拭いて冬の気（支度）にした。

風呂

子そりとも いわさぬなりぬ 干し菜風呂

風呂はトタン風呂で外で沸かしたりした。水は川からバケツで汲み入れた。これは特に子供が水を入れて、沸かした。大仕事であった。隣の家から貰い風呂に行き来もした。とにかく最後には人の垢（あか）で大変だ。手拭いで浚（さら）えるやら、新聞紙で取るやらで大変だが、それだけに重宝な風呂であった。冬は玄関の端で沸かすこともあった。

干し菜は風呂へ入れて干し菜風呂だ。濃い茶色の湯で、上がったあとも大変温まる事から冬の風呂に重宝した。

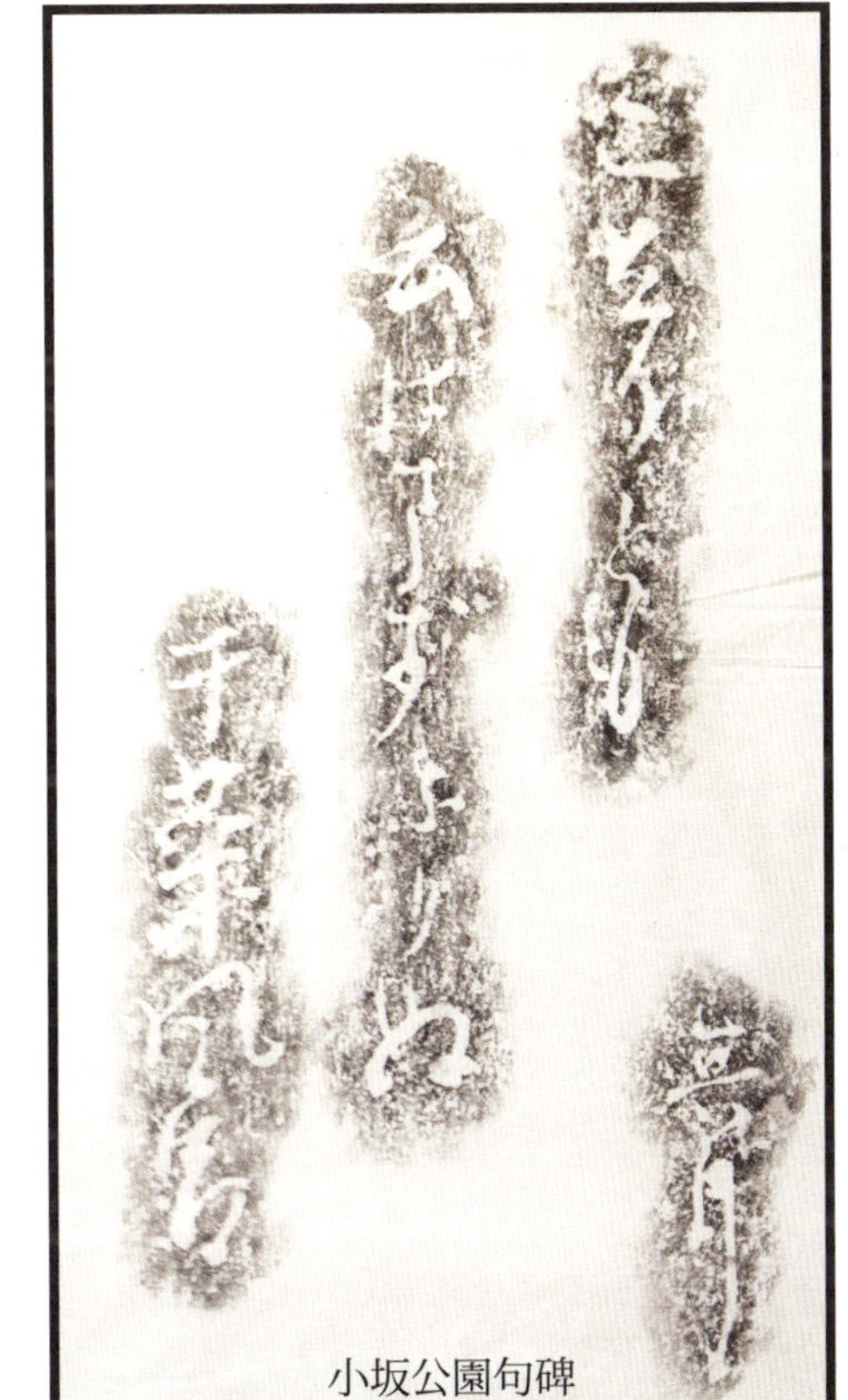

小坂公園句碑

里芋の葉　皮取り

大根の干し菜

子そりとも いわさぬなりぬ
干し菜風呂

ホトトギスの俳人、高田其月（たかたきげつ）の句碑が小坂（こざか）公園にある。其月は小坂の人。

少しの音もさせず、身を湯に沈めて温まる姿が目に浮かぶ。

背負い道具

身の護衣

身の護衣はニゴ（硬くて丈夫な稲穂の茎）を用いて編んだもの。軽い荷を背負う時の背当てである。田んぼに入るとき以外、何処に行くとも荷物がある時は、この身の護衣を付けた。

荷護太

荷護太は、ゴツゴツした太い丸太等を背負う時付ける。ワラで分厚く編み、布切れ等を編みこんだものもあった。

背板

背板（背負子）は主に材木等を背負う時に使う道具。これに取り付ける荷助棒は杖であり、道中荷が重く休む時は荷助棒の持ち手の又を背板下の桟に咬ませて荷を乗せると身が休まる。休む場所を選ばないで休める。

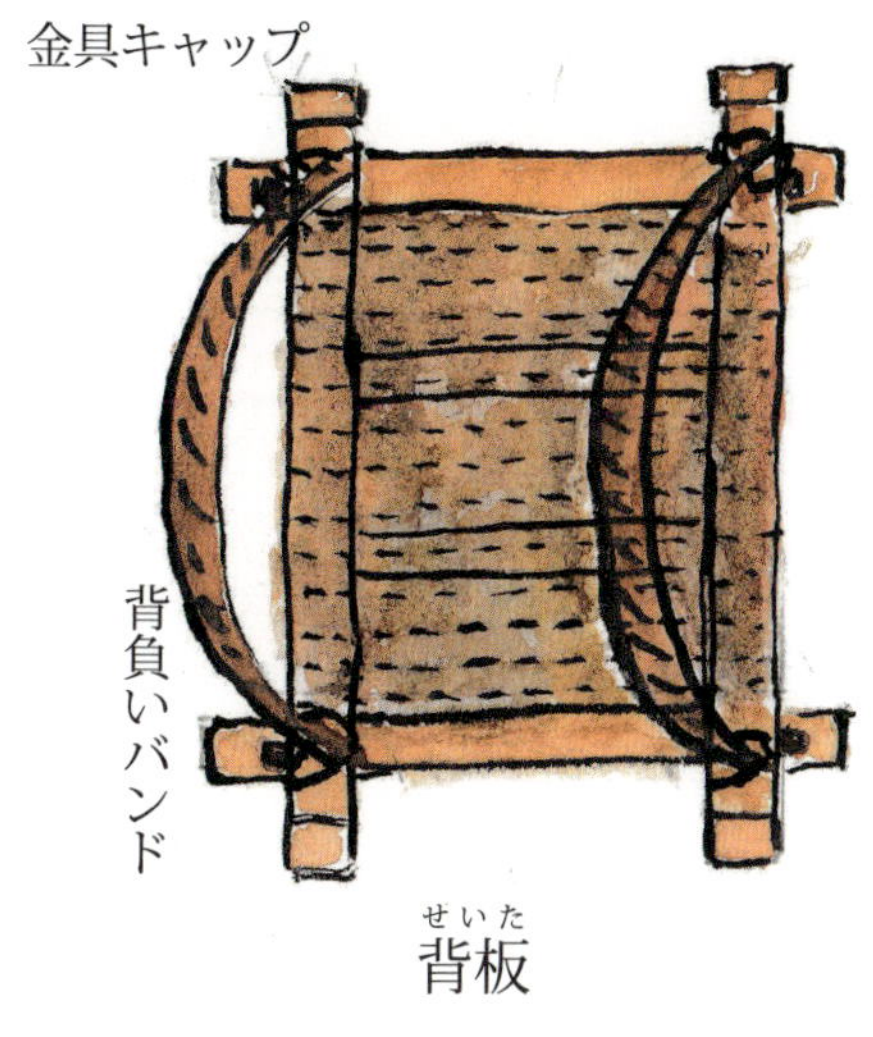

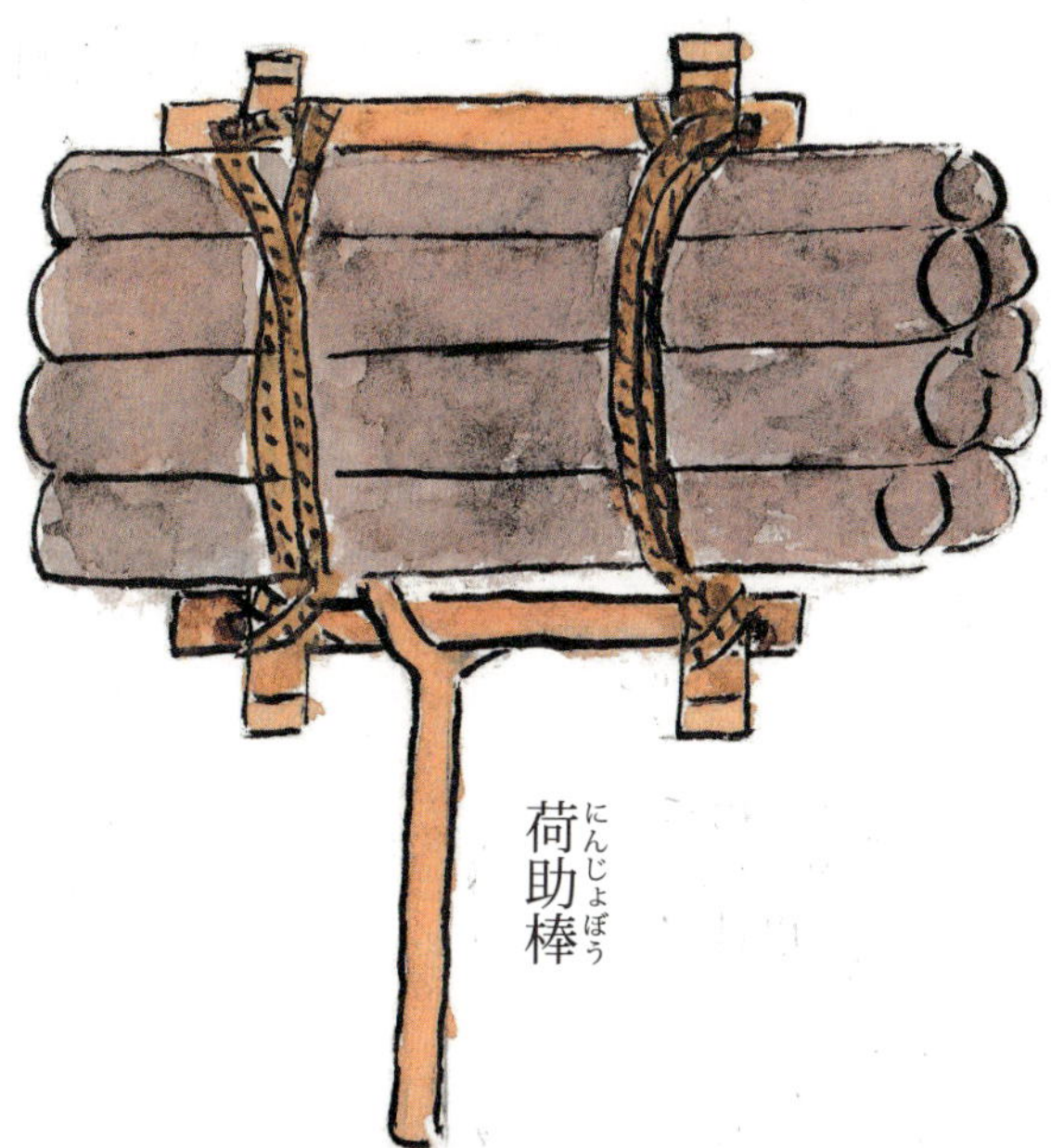

冬は雪との闘い

十一月初めには雪囲いをどの家も終えていた。雪は十二月初めか中頃には根雪となる。どこの家も外から家に入る時は雪の階段を降りて入るのである。

瓦屋根の羽口は下の雪と繋がってしまうと、下雪に引っ張られて折れてしまう。屋根雪が積もったら下雪と切り離さないとならない。今も変わらないが、昔はコスケと言った木の道具での屋根雪切りと雪かきであったが、鉄のスコップは限られた数で貴重だった。

また、屋根雪降ろしは、檜笠(ひのきがさ)を被ってやるようやかましかった。埋まっても息ができるちゃ。

三歳頃の冬、高い雪の階段を上って外に立った。朝日で屋根雪がゆるみ、大屋根から雪がずり落ちた、父が幸い近くに居て走り込み屋根下の自分を、抱き上げられて、助かったちゃ。ところが二人とも雪に埋まって、抜け出せなかった。幸い、川で洗濯の母を大声で呼び、掘り起こしてもらい出られた。命拾いだったちゃ。この様な事が幾度かあって、今がある命なのを忘れておりますちゃ。

その後、三月中旬頃になると村道は、多くの人が踏みこんだ硬い所は高く反対側はゆるんで深い穴になり、とても歩けない状態になる。

三月末、村の往来道路の雪道割りを行った。とても足が軽く歩けた。村人は村道だから、奉仕事だが、キャラメル一個のお手間が当たったちゃ。

中川のお医者さん

自分は体が弱くて医者通いをしたらしい。となりの竹内村に中川内科のお医者さんがおいでた。家は大きな屋敷で錠口（公道から玄関までの道）の小川に沢山の錦鯉が泳いでいたから、子供心に安らぐ気持ちがしたちゃ。診察室は南の部屋でお庭を取り込んだ様な部屋で先生は頭がピカピカで大きなコブが、あったことを覚えている。このお医者様の家は加賀藩の御殿医だったとかで名門と聞いたことがある。

その中川のお医者さんへ連れられて、診察の時先生が何かを言われた。五才だったかと思う自分は、返事に窮して「マラじゃ」と言った。「ホー、マラ出してみい」と言われた。ハッキリ記憶している。たしか、舌をベロっと出した様だった。

九十才過ぎまで診察されたと言うエライお医者様であった。今更馬鹿な子であったと思いながら、死ぬまで根性は治らないままじゃ。親父はあきれてか何も言わなかったちゃ。今も心の鏡にありありと残っておるちゃ。

衛生

昔はほんまに蚤（のみ）がたくさんおったもんじゃ。特に寝床の中でじゃ。当時の電灯は、各家には一張りから二張りで寝床の部屋には無いわけじゃ。夜中かゆくて知らぬ間に手が動くと、血を吸ってコロコロの蚤が手につかえて採れる。少し大きくなっての事なんだが、爪でつぶす。ところが祖母は凄いのだ。日中だろうが夜中だろうが、体のいたるところの蚤を手探りで採ったら皆、口に入れて「ガジリ」とやらかすのである。血を吸う蚤だ。口は言わずとも口紅ならぬ口だ。明治の人は凄かったわい。思えば電気のない明治の人の、暮らしの仕草なんだね。

蚤の他にいやなのは虱（しらみ）である。とてもかゆい吸血鬼である。虱は着物の縫い目や生地に卵を産みつける。
これを退治する手立ては、家族の下着を集めて大きな四升釜に入れて「クワラ、クワラ」と煮込むのである。お祖母ちゃんがやっておったチャ。不衛生だったからね。

あとがき

人間として生まれ長々と生かされた跡をしみじみと顧みれば、いつしかこの歳になりました。この生き様の中に何を問われているのかと思わずにいられません。

生まれてこの方、人に与えられえた知恵によって生活の様式は夢のように変わりました。更に家族制度から一世代の核家族の文化へと移ろいました。何れにしろ、良き事、悪しき事は付き物のようです。また、戦争時代も味わいました。これで戦争なんて起こらないと思いましたがいずこかで起こっている。私を含めて家庭であろうが、国家であろうが、それぞれの思想が都合に合わせた争いでしょうか。

私は「この世は自分を探しにきたところ、この世は自分を見に来たところ」この歌が好きです。そして、善、悪を分け隔てなくやってきた自分を悲しくもあり、有難くも思う合掌の日々の暮らしです。